KB058285

아들러 심리학 입문

아들러 심리학 입문 _ 오늘을 살아가는 무기, 용기의 심리학

초판 1쇄 발행   2014년 12월 20일
개정 21쇄 발행   2024년 6월 10일

지은이   A. 아들러
옮긴이   김문성
펴낸이   김상철
발행처   스타북스
등록번호   제300-2006-00104호
주소   서울시 종로구 종로 19 르메이에르종로타운 B동 920호
전화   02) 735-1312
팩스   02) 735-5501
이메일   starbooks22@naver.com
ISBN   979-11-5795-088-1 03180

ALFRED ADLER

오늘을 살아가는 무기, 용기의 심리학

아들러 심리학 입문

A. 아들러 지음 / 김문성 옮김

스타북스

개인의 행복을 위해 또 인류의 행복을 위해
할 수 있는 최대의 노력은, 사람들 사이의 교제이다.
인생의 모든 문제에 대한 모든 대답은
우리가 사람들과 더불어 살아가야만 한다는 점을
고려한 것이어야 한다.

몸과 마음은 하나가 되어 서로 협력한다.
마음은 동력기와 같은 힘으로
몸속에서 발견할 수 있는
모든 잠재력을 끌어내어,
안정된 몸으로 여러 어려움들을
이겨내도록 도움을 준다.

인간은 자기의 마음속에 인생 방식을 만들어 놓고
그 방식을 고정하고 강화하기 위한 모든 수단을 준비하고 있다.
그중 매우 중요한 한 가지는 감정을 북돋우는 능력이다.
사실 우리는 이 일에 밤낮으로 매달려 있는데,
그것이 보다 명료해지는 때는
아마 밤중의 꿈속에서일 듯하다.

용기 있는 사람은 삶에 대한 자신의 태도를 몸으로 나타낸다.

그의 몸은 다른 식으로 만들어질 수 있다.

근육의 탄력성은 더욱 좋아지며 몸의 동작은 더욱 민첩하게 된다.

용기 있는 사람은 표정도 다르며 나중에는 얼굴 모습 전체가 달라진다.

두개골의 형태마저 영향을 받기도 한다.

삶에 대한 자세는 상당한 정도로 몸의 발달에 영향을 미친다.

좁은 시냇물을 뛰어넘으려 하는 사람은 아마

뛰기 전에 셋을 셀 것이다.

셋을 헤아리는 게 그렇게 중대한 일일까?

뛰는 일과 셋을 헤아리는 일 사이에 필연적인 관련이 있는 것일까?

물론 관련 따위는 하나도 없다.

그러나 그는 자기의 기분을 북돋워 모든 힘을 집중시키기 위해

셋을 헤아려야만 한다.

아들러 심리학, 용기에 대하여

인간은 자신의 한계를 어떻게 극복해 내는가

지식의 습득과 이론 분석에 쾌감을 느끼는 사람이라면 아들러의 학문 체계에 별 흥미를 보이지 않을 수도 있다. 아들러는 학자의 틀 안에 머물기보다, 일반 대중들에게 인간성에 대한 믿음을 설파하고 사회를 긍정적으로 변모시키도록 돕는 데 사명과도 같은 관심을 두었기 때문이다.

아들러는 어린 시절 원치 않는 시련을 반복적으로 겪었지만, 무력하게 포기하지 않고 그것을 극복해 가는 과정에서 사회적 협력의 중요성을 절감하였다. 이런 경험들이 그를 의사의 길에 이르게 하였고, 더불어 인간에 편견을 두지 않고 그들을 진정으로 도울 방법을 마음으로 모색하도록 이끌었다.

상황 안에 매몰되어 신체적·정신적 장애의 문제에 갇힌 환자들을 진단하는 데 있어 아들러는 열등감과 우월감이라는 요소를 근본적으로 생각했다. 아들러는 이를 환자들뿐 아니라 모든 인간에게 공통되는 조건으로 이해했다.

아들러는 정상인과 비정상인 사이에 특별한 구분을 짓지 않았다. 그의 견해로 봤을 때 전자는 좀 더 작은 잘못을 범하고 후자는 보다 눈에 띄는 잘못을 범하는 차이가 있을 뿐이다. 아들러는 이 문제를 정도의 차이로만 보는데, 이것이 부분적 또는 전반적으로 인생에서 실패한 사람들을 보는 그의 기준이다. 아들러는 그들에게서 일부러 결점을 찾아내려고 하지 않으며 비난도 하지 않는다.

그는 '어떻게 이 사람들을 이해해야 하는가' 그리고 '그들은 자신들을 어떻게 이해할 수 있는가' 하는 문제를 제시하여, 그들을 치료할 수 있는 방법을 가르쳐 준다.

아들러의 연구에 따르면 인간은 본래 약한 존재이기 때문에 혼자서는 세상을 살아갈 수 없으며 서로가 서로에게 필요한 부분을 돕거나 도움을 받으면서 인생을 살아간다. 이 과정에서 열등감과 우월감을 느끼게 된다. 여기서의 우월감은 자신이 상대보다 더 우월한 지위를 차지하려 드는 욕망을 뜻하지 않는다.

똑같은 부정적인 경험을 한 A와 B란 두 인물이 있다고 가정해 보자. A는 그 경험에 압도되어 모든 일에 상황 탓을 하며 점점 움츠러들었고, B는 그 경험을 자신만의 문제로 한정시키지 않고 범위를 넓혀 나갔다. 그러면 A는 당연히 사회적 존재로서의 역할을 해내지 못하게 될 것이고, B는 개인의 문제를 사회적 차원으로 끌어올려 해결책을 도모하게 될 것이다. 아들러가 말하는 우월을 향한 의지는 자신의 가능성을 더 많이 실현하여 사회적 협력으로 확대하게 된다는 의미이다.

우리의 미래는 과거의 경험이 결정짓는 것이 아니라, 그 경험을 각자가 어떻게 해석하는가에 달려 있다. 이를 위해서는 자기 성찰이 필요하며, 자기 성찰이 이루어졌다 해도 사회적 도움이 없다면 문제 해결은 어렵게 된다.

사회적 관심이 존재하지 않는다면 우리는 크나큰 과오를 범하게 될지도 모른다. 문제아나 범죄자 혹은 노이로제 환자나 성도착자들을 세밀하게 관찰해 보면, 그 어느 경우에도 그들이 다른 사람에게 관심을 가지고 있지 않다는 사실을 알 수 있다.

또 인류가 의존하고 있는 협력에 대한 자세가 되어 있어야만 일과 직업에 있어서 능력을 발휘하고 더 나은 길을 발견해 나가며, 사랑과 결혼에 있어서도 새로운 행복을 발견하고 사랑의 재창조를 가능하게 해 준다.

절대적으로 필요한 것은 사회적 관심이다

오늘날에 있어서 아들러의 개인심리학은 환자의 치료적인 면이나 문제아들의 교육에도 원용되고 있으며, 학술적인 평가에 있어서도 심리학에 관심을 가지고 있는 많은 지식인들로부터 연구의 대상이 되고 있다. 따라서 아들러의 심리학은 모든 사람이 보다 인생을 행복하게 살아갈 수 있도록 현실적이고 실질적인 도움을 준다.

아들러가 다른 심리학파의 이론은 물론 철학과 교육학에 있어서도 완전한 지식을 습득하도록 요구한 까닭은 사회적 관심과 책임감 때문이다. 그 바탕에는 '그저 의무감'이 아닌 '생명에 대한 사랑'이 있다.

그랬기에 아들러는 자신의 심리학 이론도 다만 현실 문제에 있어서의 기초로서만 간주했다. 아들러 학설의 가장 두드러진 점은 실천에 있어서 개인심리학이 그 역점을 두고 있다는 사실이다. 이전에는 모든 인간이 일상생활 속에서 실천할 수 있는 과학적 방법 따위는 존재하지 않는다고 생각했지만, 오늘날에는 개인심리학의 반대자들까지도 실제적으로 놀랄 만한 업적을 인정하게 되었다.

아들러의 개인심리학은 문제아, 노이로제 환자, 범죄자 등의 치료에 있어서 눈부신 업적을 이룩했다. 그의 개인심리학은 과학적인 경험과 지식을 바탕으로 삶에서 실패한 사람들에게 새로운 목표와 그 목표를 이룰 수 있는 방법을 제시했을 뿐만 아니라, 비교적 적응을 잘한 사람들에게도 자기 자신이나 다른 사람을 이해할 수 있는 길을 가르쳐 주고 있다.

그중에서도 특히 상담자는 추론 기술에 숙달되어야 한다. 아들러는 독선적인 사람을 제외하고, 의학이나 교육학을 연구한 사람은 누구라도 상담자로서 적합하다고 생각했다.

친구인 정신과 의사는 아들러에 대해 이렇게 말했다.

"나 자신의 경험에 의하면 낙천적이고 명확하며, 인내심이 있고, 적극적이고 긍정적인 사고를 가진 사람들이 특히 개인심리학자로 적합한 것 같다. 나는 아들러가 단 한 번도 다른 사람을 비판하거나 꾸짖는 것을 본 적이 없다. 그는 이따금 어떤 상황을 단 한마디의 말이나 단 하나의 몸짓으로 전달할 뿐이다. 인간성에 관한 그의 독특한 이해심은 가장 복잡한 성격과 상황의 통찰까지 가능하게 했다. 또한 그의 뛰어난 유머 감각은 마음이 극도로 굳어져 버린 환자들의 마음까지도 사로잡았다."

우리 모두가 좀 더 나은 삶을 살기 위해서는 꼭 전문가가 아니더라도 다른 사람의 도움을 받아야 하고, 그러기 위해서는 상대의 마음을 먼저 읽고 마음을 얻어야 한다. 우리의 인생 문제를 성공적으로 해결하기 위해서는 사회적인 관심이 절대적으로 필요한 것이다.

아들러의 대표 학설인 개인심리학의 가장 독특한 점은 인간성에 대한 포괄적인 지식을 가르칠 수 있다는 데 있다. 그리고 이러한 관점에서 볼 때 개인심리학은 인간이 보다 행복한 삶을 영위할 수 있도록 실제적인 도움을 주는 영역이라고 하겠다.

차 례

프롤로그 _아들러 심리학, 용기에 대하여…6

1. 사회적 협력의 의미
인생의 의미를 측정하는 공통 척도…15 | 개인심리학이 결정론을 공격하는 이유…25 | 경험에 대해 스스로 결정하는 사람…31 | 최초의 오류를 발견하라…38

2. 몸과 마음의 관계
마음과 몸의 상호작용…49 | 몸의 발달은 마음에 의해 결정된다…56 | 심리는 특정 신체 증상에 영향을 준다…64 | 긴장하는 사람은 움직인다…70 | 올바른 방식을 갖지 못하게 만든 원인들…76

3. 열등감 보상과 우월감 추구
기만하려 들면 축적된다…83 | 자신을 개선하려는 모든 노력의 결과…88 | 우월 목표를 달성하려는 원망(願望)…94 | 열등감은 부모의 영향을 받는다…105

4. 기억이 알려 주는 비밀
누구나 최초의 기억을 이해하지는 못한다…113 | 변화하려면 강박사고에서 벗어나야 한다…129 | 응석받이로 자란 사람의 인생 방식…131 | 진실과 마주하는 훈련…135

5. 꿈의 이해와 사용법
사람이 꿈을 통해 기대하는 것…145 | 꿈의 목적은 무엇인가…151 | 꿈은 현실과 어느 정도 관계가 있는가…162 | 타인을 지배하려는 사람은 친구가 없다…165 | 긴장감이 무조건적인 위험 요소는 아니다…169

Alfred Adler

6. 어려움을 해방시키는 용기

불완전함을 극복하기 위한 올바른 수단…175 | 협력하도록 훈련되지 않은 아이…181 |
모든 표현은 문제 해결에 도움이 된다…188 | 사람은 인생 방식을 강화하려는 모든 수
단을 준비한다…195 | 상처의 두려움을 극복하게 하는 치료…201

● ● ● 알프레드 아들러의 생애와 사상

알프레드 아들러의 어린 시절…211 | 환자를 인격적으로 이해한 의사…213 | 아들러
의 결혼과 프로이트와의 인연…215 | 개인심리학이란 무엇인가…218 | 인간에 대한
사랑 그리고 믿음과 용기…221 | 아들러가 세상에 미친 영향…223

● ● ● 오늘을 살아가는 무기 아들러 심리학의 용기에 대하여

아들러의 용기를 주는 심리학…227 | 아들러가 사용한 용기 부여란…229 | 응석으
로부터 해방시키는 자연스러운 결말…231 | 용기를 꺾는 몇 가지 유형…233 | 스스
로에게 용기를 불어넣으려면 어떻게 해야 할까…235 | 요컨대 인생의 의미란 무엇인
가?…237 | 아들러 심리학으로 '지구인'이 돼라…239

Alfred Adler

사회적 협력의 의미

인생의 의미를 측정하는 공통 척도

　모든 행동의 밑바닥에는 세계 및 자기 자신에 대한 일정한 암묵적 평가 '나는 이런 사람이고 세계는 이러이러하다'라는 판단이 있다. 객관적인 현실 자체가 아니라 해석된 무엇으로써 경험하는 것이다. 또한 자신이 인생에 부여한 의미가 놓여 있다. 어떠한 인간도 의미 없이 살아가지 못한다. 우리는 항상 우리가 부여한 의미를 통해서 현실을 경험하며, 이런 수많은 의미 속에서 좋은 대답과 그렇지 않은 대답을 구별할 수 있다.

　사람들은 수많은 의미의 영역 속에 살고 있다. 따라서 우리의 경험은 결코 순수한 사실이 아니라 언제나 인간에게 이익이 되는 범위 안에 있다. 우리의 경험부터도 그 근원은 이미 인간적인 목적으로 규정되어 있다.

　만약 어떤 사람이 여러 가지 의미로부터 도망쳐 사실에만 전념하려고 한다면 그 사람은 매우 불행해지고 만다. 그 사람은 자신을 다른 이들로부터 고립시켜 버릴 것이다. 그의 행동은 자기 자신은 물론 다른 이들에게도 무익한 일이 되어 버릴 게 분명하다.

어떠한 인간도 의미 없이는 살아갈 수 없다. 우리는 항상 우리가 부여한 의미를 통해서 현실을 경험한다. 객관적인 현실 자체가 아니라 해석된 무엇으로써 경험하는 것이다.

그러므로 이 의미란 언제나 미완성의 것, 불완전한 것, 아니 오히려 결코 완전할 수 없다고 생각하는 게 당연하다. 수많은 의미로 가득 찬 세계는 과실로 가득 찬 세계와 같다.

우리가 "인생의 의미란 무엇입니까?" 하고 누군가에게 묻는다면 선뜻 대답하는 사람은 별로 없을 것이다. 일반적으로 사람들은 이 문제로 수없이 고민하기도 하지만 쉽게 답을 얻지 못한다. 이 질문은 인간의 역사만큼이나 오래되었을 터이다. 오늘날에도 젊은이들을 비롯한 많은 사람들이 "그런데 인생에는 도대체 어떤 의미가 있는 것일까?" 하고 의문을 가진다. 대부분의 사람들은 일종의 패배감을 맛보았을 때에 주로 그런 질문을 던진다.

모든 사람이 질문에 대답하는 방법은 자신의 행동을 통해서이다. 어떤 사람이 하는 말에 대해 귀를 막고 그의 행동만을 관찰한다면 우리는 그가 자기 자신만의 고유하고 개인적인 인생의 의미를 갖고 있음을 알게 된다. 또한 그가 하는 모든 행동과 표현 방식, 야심, 습관, 성격의 특징 하나하나가 인생의 의미와 합치된다는 사실도 알 수 있다.

그의 모든 행동의 밑바닥에는 세계 및 자기 자신에 대한 일정한 암묵적 평가, 다시 말해서 '나는 이러이러한 사람이고 세계는 이러이러하다'라는 판단이 있다. 또한 그가 자신과 인생에 부여한 의미가 놓여 있다.

삶의 의미는 개개인에 따라 약간의 차이를 갖는데 그중 절대적인 인생의 의미를 갖고 있는 사람은 한 명도 없다. 또 어떤 것은 도움이 되고, 어떤 것은 절대적으로 틀리다고 단정 지을 수 있는 의미도 없다. 모든 의미는 이 두 극한 사이에 놓여 있다.

그렇지만 우리는 이런 수많은 의미 속에서 좋은 대답과 그렇지 않은 대답을 구별할 수 있다. 나쁨의 정도는 여러 층위가 있을 테지만, 우리가 공유할 수 있는 보다 좋은 의미란 무엇이고 나쁜 의미가 갖고 있는 결함이란 대체 무엇일까?

그에 대해 알아봄으로써 우리는 과학적인 인생의 의미, 진정한 의미의 공통 척도, 인간과 관련된 모든 현실에 직면할 수 있을 것이다. '인류의 목표와 목적에 있어서의 진정한 의미'와 상치되는 진리는 존재하지 않는다.

모든 인간은 세 개의 관계를 갖고 있는데 인간이 직면하는 모든 문제는 이들 관계의 방향에 있다. 사람들은 항상 관계에 대해 고려해야 하는데 관계가 사람들의 현실을 만들어 내기 때문이다. 인간에게는 항상 관계의 문제가 제기되기 때문에 그에 대해 대답해 가면서 살게 되고, 이에 대한 대답은 인생의 의미에 관한 개개인의 관념을 보여 준다.

세 가지 관계 중에서 가장 근본은 우리가 지구라는 혹성 위에 살고 있다는 사실이다.

우리는 이 삶의 터전이 제시하는 여러 가지 제약과 가능성 아래서 발전해 나가야만 한다. 또 지구상에서 육체적이고 정신적인 개개인의 생활을 계속하면서 인류의 미래를 확실한 방향으로 나아갈 수 있도록 하지 않으면 안 된다. 어느 누구도 이 문제를 회피할 수는 없다. 모든 대답은 우리가 인류에 속해 있다는 사실, 인간은 이 지구에 살고 있는 동물이라는 사실에 의해서 규정되지 않으면 안 된다.

인간은 약한 육체를 갖고 있으며 불확실한 환경 속에 놓여 있다. 따라서 자신의 생명 및 인류의 복지를 위해서 우리의 행동을 확실한 기반 위에 두고, 시야를 더 넓혀야 한다. 우리는 해답을 구하기 위해 노력해야만 하며, 조직적으로 이용 가능한 모든 수단을 활용해서 노력을 기울여야만 한다.

단번에 영원히 확정될 수 있는 완벽한 해답을 발견하지는 못할 테지만 그럼에도 불구하고 가능한 한 가장 좋은 해답에 도달할 수 있도록 전력을 기울여야 한다. 이때의 모든 해답은 우리가 지구라는 이 작은 혹성의 표면에서 온갖 장단점과 함께 뒤얽혀 있다는 사실에 단적으로 적응할 수 있는 것이어야 한다.

이제 두 번째 관계에 대해 생각해 보자. 우리 주위에는 다른 사람들이 살고 있으며 우리는 인류와의 관계 속에서 살아간다. 개개의 인간은 그 자신이 갖고 있는 약점과 불완전성, 한계로 인해 자기의 목표를 혼자서 달성할 수 없다. 그는 자신의 생명을 유지하는 일조차 불가능하고 그러면 인류의 생명을 지속시켜 가지도 못하게 된다.

개인의 행복을 위해 또 인류의 행복을 위해 할 수 있는 최대의 노력은 사람들 사이의 교제이다. 인생의 모든 문제에 대한 모든 대답은 우리가 사람들과 더불어 살아가야만 한다는 점을 고려한 것이어야 한다. 만약 우리가 살아남으려 한다면, 우리의 감정조차도 그 어떤 과제나 목표 중에서 가장 중요한 문제에 호응하는 것이어야 한다.

세 번째로 직면하게 되는 것은 이성 간의 관계이다. 개체와 공동체의 생명 유지라는 목적을 위해서는 이 사실이 고려되지 않으면 안 된다. 사랑과 결혼의 문제는 세 번째의 관계에 속한다. 어떤 남자나 여자든 이 문제에 대해 해답을 내리지 않을 수 없다.

모든 사람이 갖고 있는 세 가지 관계는 세 가지 문제를 제기한다. 즉, 이 지구의 특성이 주는 모든 제약 아래서 우리가 계속 살아갈 수 있도록 해 주는 직업을 어떻게 발견할 것인가 하는 점이 첫 번째다.

두 번째로 우리가 주위 사람들과 협력하고 그 협동의 대가를 함께 누리기 위해서 어떤 식으로 관계를 맺어 나가야 하는가의 문제가 있다.

마지막으로 인간이 남자와 여자라고 하는 다른 두 성으로 살아가면서 인류의 미래와 존속이 우리의 성생활에 의존하고 있다는 사실에 자기 자신을 어떻게 적응시키는가 하는 문제이다.

개인심리학의 견지에서는 이들 세 개의 중요한 문제 가운데에서 이것들과 아무런 관련이 없는 문제는 없다고 본다. 그리고 각 사람들은 직업, 친구, 성이라는 세 가지 문제에 대응함으로써 인생의 의미에 관한 자기 내부로부터의 확신을 반드시 얻게 된다.

예를 들어 자신의 성생활에 만족하지 않고, 직업에도 충실하지 않으며 친구도 거의 없고 또 동료와의 접촉을 고통스럽게 생각하는 사람을 관찰해 보기로 하자. 그의 생활 중에 생기는 여러 한계와 제약으로 인해 우리는 그가 살아가는 일이 어렵고 위험스러우며 좋은 기회는 거의 주어지지 않고 도처에 위험만 도사리고 있다고 생각한다는 결론을 내릴 수 있다.

그의 좁은 활동 영역은 다음과 같은 판단에 의한 것이라고 해석될 수 있다. '인생이란 상처받지 않도록 자기의 몸을 보호하는 일'이라고 하는 판단이다.

한편 성생활이 친밀하고 다양한 협동 관계 속에 있어 친구도 많고 동료와의 접촉도 폭넓으며, 유익한 직업을 갖고 있는 사람을 한번 관찰해 보자. 이런 사람은 인생은 창조적인 과제로써 많은 유익한 기회를 제공하며, 회복 불가능한 패배를 맛보게 하는 것은 결코 아니라고 느끼고 있음을 알 수 있다.

인생의 모든 문제를 대하는 그의 생각은 다음과 같은 확신에 차 있으리라. '인생이란 동료들에게 관심을 갖고 전체의 일부가 되는 것이며, 인류의 복리에 가능한 한 공헌하는 것'이라는 확신이다.

여기에서 우리는 모든 '잘못된' 인생의 의미 및 모든 '참된' 인생의 의미를 측정해 보는 공통 척도를 갖게 된다.

신경증 환자와 정신장애인, 범죄자, 알코올중독자, 문제아, 자살자, 성도착자, 매춘부 등 모든 실패자는 동료 의식과 사회적 관심이 결여되어 있기 때문에 실패한 것이다. 그들은 직업이나 우정 또는 성생활이라는 과제에 있어서 연대적인 공통 노력에 의해 해결 가능하다는 확신이 거의 없다.

그들이 인생에 부여하는 의미는 개인적이다. 그러므로 그들이 목표를 달성하더라도 그 자신 이외에는 아무도 이익을 받지 못한다. 그들이 성공하려고 노력하는 목표는 허구적인 개인의 우월감에 지나지 않으며, 그들의 승리는 그들 자신에 있어서만 의미가 있을 뿐이다.

어떤 살인자는 독이 들어 있는 병을 손에 쥐었을 때 뭔가 마음이 든든해지는 듯한 느낌이 들었다고 고백했다. 그런 말을 들으면 보통의 사람들은 살인자가 자기 자신밖에 안중에 없다는 생각을 하지, 독이 든 병을 들고 있는 게 대단한 가치를 주는 일이라고는 생각하지 않을 것이다.

모든 사람은 의미를 구하려고 노력한다. 그런데 의미란 본질적으로 타인의 삶에 공헌할 수 있을 때 얻게 된다는 사실을 깨닫지 못한다면 잘못을 범하기가 쉽다. 어떤 작은 종파의 여성 지도자에 관한 다음과 같은 일화가 있다.

어느 날, 그녀는 신자들을 모아 놓고 다음 주 수요일에 세계의 종말이 올 거라고 알렸다. 그녀의 신봉자들은 매우 깊은 감명을 받고 자신들의 물건을 팔아서 세상의 모든 일로부터 손을 떼고 가슴을 졸이며 운명의 날이 오기만을 기다렸다. 정작 수요일에는 아무런 일도 일어나지 않았다. 목요일이 되자 신자들은 그녀의 해명을 듣기 위해 집회를 열었다.

"우리가 얼마나 곤혹스러워하고 있는지 보십시오. 우리는 이 세상의 확신을 모두 버렸습니다. 우리는 만나는 모든 사람에게 오는 수요일에 이 세상에 종말이 올 거라고 말했습니다. 사람들이 비웃었지만 우리는 추호도 의심하지 않고 계속 되풀이해서 이야기했습니다. 이 일을 의심할 나위 없는 권위자에게 들어 알게 된 거라고 말입니다. 하지만 수요일이 지나가 버렸는데도 이 세상은 아직 여기 이렇게 존재하고 있지 않습니까?"

그러자 예언자가 대답했다.

"내가 말한 수요일은 여러분들이 말하는 수요일이 아닙니다."

그런 식으로 그녀는 '사적인' 의미를 사용해서 격렬한 비난으로부터 자기를 보호할 수 있었다.

사적인 의미란 결코 시험될 수 없다. 참된 인생의 지표가 되는 모든 것은 공통의 의미일 때 가능하다. 그것들은 다른 사람들이 공유할 수 있으며 타당하다고 승인할 수 있는 의미이다.

인생의 모든 문제에 대한 좋은 대답 가운데 하나는 항상 타인에게도 그 길을 열어 놓고 있다는 점이다. 거기서 우리는 공통의 문제에 대한 답을 발견하기 때문이다.

따라서 어떤 사람의 생이 타인에 의해서 의미 있다고 승인될 때 그 사람은 천재라고 불릴 수 있다. 그와 같은 생에 의해 표현된 의미는 항상 '인생이란 전체에 공헌하는 것을 의미한다'는 점이다.

우리는 지금 공연한 동기에 대해 이야기하고 있는 게 아니다. 우리는 새로운 이론에 귀를 막고 단지 익숙해진 데에만 귀를 기울이려 한다. 인생의 모든 문제를 극복하는 데 성공한 사람은 인생의 의미란 타인에 대해 관심을 기울이는 일이며 타인과 협동하는 데 있다는 점을 충분히 그리고 자발적으로 인식한 듯이 행동한다.

그가 하는 모든 일은 동료들의 관심에 의해 이끌려진 것처럼 보이며, 곤란한 일에 직면했을 때는 그 곤란함을 인류의 이익과 일치할 수 있는 수단에 의해서만 극복하는 것처럼 생각된다.

이는 아마도 많은 사람의 눈에 새로운 시점으로 비칠 것이다. 그들은 우리가 삶에서 느끼는 의미란 진정으로 타인을 위한 것이며, 타인에 대해 관심을 갖고 서로 협동하는 데 있다고 생각한다. 그렇다면 다음과 같이 질문이 가능할지도 모른다.

'그러면 도대체 개인은 어떻게 되는 것인가. 만약 항상 타인을 염려하고 그들의 이익에만 자신의 모든 걸 바친다면 자기 자신의 개성이 상처 입는 것은 아닐까. 적어도 올바르게 발달해 가기 위해서는 자신의 일을 먼저 생각해야 하는 것 아닌가.'

이런 생각은 나의 견해로는 잘못되었으며, 그런 생각으로 제기하는 문제는 그럴듯해 보이지만 결국 겉치레일 뿐이다. 만약 어떤 사람이 인생에 의미를 부여하는 일에 공헌하기를 원하고 자기의 모든 감정이 이 목표로 향해진다면, 그는 그 공헌을 위해서 당연히 자기를 가장 좋은 상태에 두게 되어 있다.

그는 목표에 도달되도록 노력할 것이며 사회 감정을 고양하도록 자신을 훈련시키고 그 감정을 실천함으로써 점차로 몸에 익혀 나갈 것이다. 목표가 정해지기만 하면 곧 훈련이 동반된다. 그때 그는 인생에 놓인 세 가지 문제를 해결하기 위해서 준비하고 스스로의 능력을 발휘하기 시작할 것이다.

개인심리학이 결정론을 공격하는 이유

　인생의 의미가 처음부터 잘못 부여되었다면 그릇된 해석이 내려지게 된 계기를 다시 한 번 되짚어 보아야 한다. 그런데 개인이 자기가 인생에 부여했던 잘못된 의미를 정정한다거나 혼자의 힘으로 끝까지 변화하는 데 성공하는 경우는 지극히 드물다. 대개 잘못된 접근에 대한 정정이 행해지는 경우는, 근원적인 잘못을 발견하는 일에 협력할 수 있고 도움을 줄 수 있는 사람의 원조를 받는 때이다.

　사랑과 결혼에 대해 생각해 보자. 우리가 자신의 반려자에게 관심을 기울인다면, 또 상대방의 인생을 책임지고 풍요롭게 해 주고 싶어 한다면 우리는 당연히 그 일을 위해 자기 자신을 가장 좋은 상태로 만들려고 할 것이다.

　만약 우리가 타인에게 공헌하려는 목표 없이 자신의 인격을 발전시키려 한다면 우리는 너무나 난폭하고 오만스럽고 불쾌한 사람이 되어 버릴 것이다.

　공헌이야말로 참된 인생의 의미라고 추정할 수 있는 또 하나의 가설이 있다. 오늘날 우리가 조상으로부터 이어져 내려온 유산을 되돌아볼 때, 무엇을 볼 것인가.

그러한 유산들이 오늘날까지 계승되어 올 수 있었던 이유는 인간의 생활을 위해 이루어졌던 조상들의 공헌 덕분이었음을 알 수 있다. 우리는 경작된 토지와 철도, 건축물 등을 본다. 또한 전승되어 오는 철학적 체계와 자연과학, 예술, 우리들의 삶을 위한 모든 기술 속에서 조상들의 인생 경험으로부터 전해져 온 성과를 본다.

그러한 모든 성과는 인류의 복리를 위해서 공헌한 사람들에 의해 남겨진 것이다. 그러면 다른 사람들은 어떻게 된 것일까? 타인과 협력하려고 하지 않았던 사람들, 인생에 다른 의미를 부여한 사람들, '나는 나의 인생에서 무엇을 끄집어낼 수 있을까?'라는 생각밖에 없었던 사람들은 어떻게 된 것일까?

그들은 단순히 죽어 버렸다고 할 수 없다. 그들의 전 생애는 다만 무익하였다고 말할 수 있다. 우리 지구 자체가 그들을 향해 선포할 것이다.

"우리는 그대들을 필요로 하지 않는다. 그대는 지구의 인생에 적합하지 않다. 그대의 목적과 노력 그리고 그대가 중요하다고 생각하는 가치, 정신과 혼에 이르기까지 아무런 미래도 기약할 수 없다. 우리에겐 그대가 필요하지 않다. 떠나가라. 죽어서 사라져 버려라!"

협력이나 협동과는 거리가 먼 사람들에 대한 궁극적인 선고는 항상 "그대는 무익한 존재이다. 아무도 그대를 필요로 하지 않는다. 떠나 버려라!"는 것이다.

현재 우리의 문화는 불완전하다. 결함을 발견한다면 우리는 그 상태를 변화시키지 않으면 안 된다. 그러나 그 변화는 항상 인간의 복리를 더욱 풍요롭게 하기 위한 방향이어야 한다. 이를 이해하는 사람, 즉 인생의 의미란 인류 전체에 관심을 갖는 데 있다는 사실을 알고 사회적 관심과 사랑을 확신시키려는 사람은 항상 존재해 왔다.

우리는 모든 종파들이 인류의 구원을 위해서 관심을 갖고 있음을 본다. 세계적인 위대한 정신적 운동을 통해서 인간은 사회적 관심을 높이기 위해 노력해 왔는데, 종교는 이런 방향에 있어서 가장 중요한 노력 가운데 하나이다.

그럼에도 이제껏 종교는 잘못 해석되어 왔다. 만일 종교가 이 공통의 과제를 위해서 더욱 세밀한 주의를 기울이지 않는다면, 종교가 이미 성취해 온 그 이상의 일을 할 수 있다고 생각할 수 없다. 개인심리학은 과학적인 방법으로도 똑같은 결론에 도달하며, 과학적인 기술을 제공한다.

아마 과학은 다른 인간과 인류의 복리에 대한 사람들의 관심을 증대시킴으로써 정치적 혹은 종교적인 다른 모든 운동보다도 훨씬 더 쉽게 목표에 접근할 수 있을 것이다.

우리는 다른 방향에서 과제에 접근하지만 목적은 같다. 결국 그 목적은 타인에 대한 관심을 증대시키는 일이다. 우리가 인생에 부여한 의미는 우리 곁에 있는 수호천사 혹은 항상 붙어 다니는 악령과 같은 작용을 한다.

따라서 이런 의미가 어떻게 형성되어 있는지, 그 의미가 어떻게 서로 다른 점을 갖고 있는지, 그 의미들이 중대한 과오를 내포하고 있다면 어떻게 과오를 개선할 수 있는지를 이해하는 일이 가장 중요하다.

이는 생리학이나 생물학의 영역과는 완전히 다른 심리학의 영역이다. 여러 가지 의미와 그 의미들이 인간의 행동이나 인간의 운명에 주는 영향에 대해 이해함으로써 인간의 복리에 도움이 되려는 것이다.

우리는 대개 어린 시절부터 이미 인생의 의미를 찾으려는 모종의 움직임, 마치 어둠 속에서 무언가를 찾기 위해 손으로 더듬어 보는 듯한 모습을 관찰할 수 있다.

유아기 때에도 이미 자신을 에워싸고 있는 생활 전체에서 자기의 역할과 자기 자신의 가능성을 확인하려고 노력한다. 아이들은 다섯 살이 끝나갈 무렵부터 여러 가지 문제나 과제와 씨름하기 때문에, 나름대로 논리정연하고 확고한 하나의 행동규범과 독자적인 방식을 만들어 낸다.

그 아이는 세계나 자기 자신으로부터 무엇을 기대할 수 있는가에 대해서 지속적이고 지극히 깊숙하게 뿌리내린 관념을 이미 갖고 있다. 이 때부터 아이는 세계를 하나의 확고한 통각(統覺) 체계를 통해서 보게 된다. 모든 경험은 그것들이 수용되기 전에 벌써 해석되고 있으며, 그 해석은 항상 인생에 주어진 근본적인 의미에 호응한다. 만약 이 의미가 중대한 잘못을 품고 있다고 해도 또 우리에게 주어진 문제나 과제가 끊임없이 실패와 고통으로 이어진다고 해도, 이 의미가 간단히 방치되는 일은 결코 없다.

인생의 의미가 처음부터 잘못 부여되었다면, 그 일이 바로잡히기 위해서는 그릇된 해석이 내려지게 된 계기를 다시 한 번 되짚어 보아야 한다. 그렇게 잘못된 부분이 인식되어 통각 체계가 정정됨으로써만 올바른 궤도로의 이행이 가능하다.

그런데 개인이 이처럼 통각 체계를 바꿈으로써 자기가 인생에 부여했던 잘못된 의미를 정정한다거나 혼자의 힘으로 끝까지 변화하는 데 성공하는 경우는 지극히 보기 드물다.

잘못된 인식 체계를 갖고 있는 사람이 어떠한 사회적 압력도 받지 않거나 혹 낡은 접근 방법을 고수하고 있다면 변화하기 힘든 법이다. 자신의 방식을 바꿔야 만사가 잘되리라는 사실을 자각하지 못하기 때문이다.

대개 잘못된 접근에 대한 정정이 행해지는 경우는 이런 의미를 이해하는 데 있어서 훈련을 받은 사람, 다시 말해 근원적인 잘못을 발견하는 일에 협력할 수 있고 더 적절한 의미를 암시하는 도움을 줄 수 있는 사람의 원조를 받는 때이다.

유아기의 상황이 어떻게 여러 각도에서 해석되는지 간단한 예를 하나 들어보자. 유아기의 불행한 경험에도 완전히 반대의 의미가 부여될 수 있다. 불행한 경험을 가진 사람 중의 하나는 그 일이 장래를 위해서 도움이 될 때를 제외하고는 잘 생각하지 않는다. 그는 '우리는 불행한 상황을 제거하기 위해 노력하며, 우리 아이가 잘못되는 일 없이 더 좋은 상태에 놓이도록 해야만 한다'라고 느낀다.

한편 어떤 사람은 이렇게 느낄지도 모른다. '인생은 불공평하다. 다른 사람들은 항상 우위에 서 있다. 세계가 나를 그런 식으로 취급한다면 왜 내가 세계를 올바르게 취급해야만 한단 말인가'라고.

어떤 부모는 자기 아이들에게 "나도 역시 어렸을 때는 너와 같은 고통을 겪었다. 하지만 나는 그 곤경을 극복해 왔다. 너희들 또한 그렇게 해야 한다"라고 말한다.

혹은 이렇게 말하는 부모도 있을 수 있다.

"나는 불행한 어린 시절을 보냈기 때문에, 내가 무슨 짓을 해도 모두 용서되어야만 한다."

위 네 사람의 행동에서 그들 각자의 해석이 명확하게 보이며, 그들이 자기들의 해석을 변경하지 않는 한 행동을 바꾸는 일은 결코 없으리라는 점도 보인다. 개인심리학이 결정론의 이론을 공격하는 건 바로 여기에서이다. 어떤 경험이든 그것 자체가 성공의 원인이나 실패의 원인이 될 수는 없다.

경험에 대해 스스로 결정하는 사람

어린 시절에는 아주 잘못된 의미를 부여하기 쉬운 일정한 상황이 있다.
이런 일이 생기는 이유는 대부분 그 상황 속에 있는 사람이 바로 아이들
이기 때문이다. 만약 사회가 그들 삶의 방식에 적의를 보이면 – 거의 의
심할 나위 없이 그럴 테지만 – 아이들은 이 적의를 자기들이 개인적으로
학대받고 있는 새로운 증거라고 생각한다. 때문에 그들에 대한 처벌은 효
과가 없다.

우리는 경험의 충격, 이른바 외상(外傷)으로 고통스러워할 게 아니라
그 경험 속에서 자신의 목적에 합치되는 바를 발견해 내야 한다. 우리는
자신의 경험에 대해 의미를 부여하고 바로 그 의미에 의해 '스스로 결정
한 사람'이 된다.

그러므로 우리가 특정한 경험을 자기 장래의 인생을 위한 기초라고
생각할 때에는 항상 무언가 과오를 안고 있다. 의미는 상황에 의해 결정
되는 것이 아니고 우리가 그 상황에 어떤 의미를 주었는가에 따라 결정
된다.

그러나 어린 시절에는 아주 잘못된 의미를 부여하기 쉬운 일정한 상황이 있다. 이런 일이 생기는 이유는 대부분 그 상황 속에 있는 사람이 바로 아이들이기 때문이다.

예를 들어 첫 번째로 불완전한 신체 기관을 갖고 태어나는 아이들, 즉 유아기에 병이나 허약 체질로 고생한 아이들이 겪게 되는 상황이 있다.

그런 아이들은 과잉 부담을 짊어지고 있으며, 인생의 의미가 타인에게 공헌하는 데 있다고 느끼기 어려울 것이다. 누군가 곁에 있으면서 그 아이들이 자기 자신 이외에 타인에게도 관심을 갖도록 하지 않는 한, 그들은 오로지 자기의 기분에만 얽매이기 쉽다. 후에 그들은 주위 사람들과 자기를 비교해 보고 실망할지도 모른다.

또한 그러한 운명 속에서 아이들은 주위 사람들이 보이는 동정과 조소, 기피하는 태도에 의해서 열등감이 심화되는 경우마저 생길 수 있다. 이렇게 되면 아이들은 사회 속에서 유익한 역할을 해내려는 희망을 잃고, 세상 사람들이 온통 자기를 개인적으로 멸시하고 있다고 느낄지도 모른다.

나는 불완전한 신체 기관을 갖고 있다거나 선(腺) 분비가 비정상적인 아이들이 직면하는 모든 문제에 대해서 처음으로 언급했었다. 과학에서 이 분야는 놀랄 만큼의 진보를 이루었지만 내가 바라고 있던 방향으로 발달했다고 말할 수는 없다. 내가 처음부터 탐구하였던 바는 이런 곤경을 극복하는 방법이었으며, 실패의 책임을 유전이나 육체적 상태에 되돌리는 것이 아니었다. 육체의 기관이 아무리 불완전하다고 해도 그 자체가 인생을 잘못된 유형으로 이끄는 것은 결코 아니다.

신체적인 특징이나 영향이 똑같은 아이는 없다. 우리는 종종 이런 모든 곤란을 극복하고 유익한 능력을 발휘하는 아이들을 볼 수 있다. 그런 의미에서 개인심리학이 우생학적 선택이라는 기획을 위해 매우 적합하다고 말할 수는 없다.

저명한 인물, 우리 문화에 위대한 공헌을 했던 사람들의 대부분은 선천적으로 불완전한 기관을 갖고 있었던 경우가 많다. 대부분 그들의 육체는 건강하지 못했으며 때로는 일찍 숨을 거두기도 했다.

인류의 진보를 위한 새로운 공헌들은 주로 신체적이든 그 밖의 외적인 조건에 있어서든, 곤경을 맞이하여 힘들게 극복해 나갔던 사람들에 의해 이루어졌다. 이런 투쟁이 그들을 강하게 만들고 앞으로 전진해 나가도록 하였다. 정신의 발달이 좋은지 아닌지는 단순히 신체로서 판단할 수 없다.

하지만 이제까지 불완전한 기관을 갖고 태어난 아이들 대부분은 올바른 방향으로 훈련받을 기회가 없었다. 그들이 짊어진 역경을 이해해주는 사람도 없었으며 아이들은 주로 자기 자신에게만 관심을 쏟아왔다. 유아기에 불완전한 기관이라는 무거운 짐을 짊어진 아이들이 성장하면서 좌절하게 되는 것은 바로 이런 이유 때문인 듯하다.

두 번째로, 인생의 경험에 잘못된 의미를 부여하게 만드는 흔한 상황 중의 하나인 응석받이 아이들이 겪게 되는 상황이 있다.

응석받이 아이는 자기가 바라는 것이 마치 법률처럼 취급되기를 기대하도록 훈련되어 있다. 그 아이는 보살핌을 받고자 하는 노력을 기울이지 않고도 잘 보살펴져 왔으며, 이러한 혜택이 자기가 태어날 때부터 갖고 있는 권리라고 믿게 된다.

그 결과 그 아이는 자기가 주목받지 못하는 상황, 타인들이 그의 감정에 대해 신경 쓰고 배려하는 것을 주요 목적으로 삼지 않는 상황에 놓이면 몹시 불안해하고 마침내 세계가 그를 버렸다고 느낀다. 타인에게 베푸는 것보다 타인에게 기대하도록 훈련되어 왔기 때문이다. 그는 어떠한 문제에 직면했을 때 스스로 해결할 방법을 배운 적이 없다. 다른 사람들이 항상 도왔기 때문에 그는 독립심을 잃고 스스로 일을 해낼 수 있다는 사실을 모르게 되어 버렸다.

그의 관심은 오직 스스로에게만 집중되어 있기 때문에 타인들과의 협력의 유익함이나 필요성에 대해서도 배운 일이 없다. 따라서 곤란한 상황에 빠지면 스스로 대처하지 못하고 오직 타인에게 요구하는 방법 외에는 모른다.

그에게는 다시금 우월한 입장을 획득하는 것이 중요하다. 다른 사람들이 모두 그가 특별한 인간이라 인정하고, 그가 바라는 것은 무엇이든 주어야 한다고 생각하는 것이야말로 그에게 있어서 가장 올바른 상황이라고 생각되게 마련이다.

이와 같이 응석받이 아이의 모습이 그대로 굳어져 어른이 된 사람들이 아마 사회 속에서 가장 위험한 계층일 것이다. 그들 가운데 어떤 사람은 자기는 선의를 갖고 있다고 단언할지도 모른다.

전제군주와 같은 자리에 서기 위해서 그들은 매우 '사랑스러운' 사람처럼 보이려 들지도 모른다. 그렇지만 그들은 통상의 인간적인 일에 대해, 보통의 인간으로서 서로 협력하는 일에 반항하고 있다. 게다가 더욱 철저하게 반항하는 사람도 있다.

그들이 익숙하게 생각하는 안이한 따스함이나 종속감이 두드러지게 느껴지지 않으면 그들은 배반당했다고 느낀다. 그들은 사회가 그들에게 적대적이라 생각하고 모든 주위 사람에게 복수하려 든다.

만약 사회가 그들 삶의 방식에 적의를 보이면 - 거의 의심할 나위 없이 그럴 테지만 - 그들은 이 적의를 자기들이 개인적으로 학대받고 있는 새로운 증거라고 생각한다. 때문에 그들에 대한 처벌은 효과가 없다.

처벌은 단지 타인이 자기에게 적의를 품고 있다는 의견을 확인시켜줄 뿐이다. 응석받이 아이가 철저하게 반항을 하든 약점에 의해 지배하려고 하든, 폭력에 의해 복수를 하려 들든 이는 모두 같은 잘못을 범하고 있는 것이다.

응석받이들의 목표는 변하지 않는다. 그들에게 있어 인생이란 제일인자가 되는 일을 의미한다. 가장 중요한 사람이라고 인정받아야 하고, 자신이 바라는 것이라면 뭐든 손에 넣어야 한다. 만일 그들이 자신의 인생에 이러한 의미를 계속 부여한다면 그들이 이용하는 방법은 모두 잘못되게 마련이다.

과오를 범하기 쉬운 세 번째 상황은 무시된 아이들이 처하게 되는 상황이다.

무시되어진 아이들은 사랑이나 협력에 대해 알 기회가 없다. 따라서 그러한 훌륭한 힘을 도외시한 인생의 해석을 만들어 낸다. 인생의 문제에 직면하게 되면 그들은 문제의 곤란함을 과대평가하는 경향이 있다. 그리고 타인의 도움과 성의를 받아 거기에 대항하는 자기 자신의 능력은 과소평가한다. 그는 사회가 자기에게 매우 냉혹하다고 생각하며 항상 그런 상황을 이야기한다.

게다가 그는 타인에게 유익한 행위를 함으로써 애정이나 존경을 얻을 수 있다는 사실을 이해하지 못한다. 그래서 결국 타인에 대한 의심이 깊어지고 자기 자신마저도 신뢰할 수 없게 된다.

무조건적인 사랑을 대신할 수 있는 경험은 존재하지 않는다. 어머니의 가장 중요한 임무는 아이에게 신뢰할 수 있는 타인이 있다는 사실을 알려주는 일이다. 그러한 신뢰감이 차츰 아이를 에워싼 모든 환경을 포함하도록 넓게 확장시켜야 한다.

만약 어머니가 이 최초의 임무에 실패한다면 아이는 사회적 관심을 받거나 이웃 사람들의 우정 어린 관심을 받기가 어려워진다. 타인의 관심과 애정, 협력을 얻기가 매우 힘들어지는 것이다.

누구나 타인에게 관심을 갖는 능력을 갖고 있다. 하지만 이 능력은 육성되고 훈련되지 않으면 그 발달이 저해된다. 만약 완전하게 무시되고 미움을 받거나 환영받지 못하는 아이가 있다면, 그는 아마도 협동이라는 게 존재한다는 사실조차 모르고 있기가 십상이다.

무시된 상태로 자란 아이는 결국 고립되어 지내면서 타인과 관계를 갖지 못하고, 사람들과 협력해서 살아가는 일에 완전히 무지하게 된다. 앞서 언급했듯이 이런 상태에 있는 개인은 자멸해 버리고 만다.

아이가 유아기를 지나왔다는 사실은 어쨌든 그가 얼마만큼이라도 보살핌과 주의를 받아 왔음을 의미한다. 그러므로 우리는 순수한 유형의, 말하자면 완벽하게 무시된 아이를 다루는 일은 없다.

우리는 보편적인 보살핌을 받았다고 할 수는 없는 혹은 어떤 점에서는 무시되어 왔지만 다른 점에서는 그렇지 않았던 사람들을 취급하고 있다. 한마디로 말하면 무시당한 아이들이란 신뢰할 수 있는 타인을 여태까지 한 번도 본적이 없는 사람이라고 말해도 좋다.

고아나 사생아가 인생에 있어서 실패자의 대부분을 차지한다는 것, 그리고 전체적으로 이런 이들을 무시된 아이들 속에서 발견하게 된다는 사실은 참으로 서글프다.

이러한 세 가지 상황, 즉 불완전한 신체 기관을 가졌거나 응석받이 혹은 무시된 상황은 인생에 대해 잘못된 의미를 부여하게 되는 커다란 계기가 된다. 이러한 상황 아래 있던 아이들은 거의 언제나 모든 문제에 대처하는 그들의 표현 양식을 수정하기 위해서 도움을 필요로 한다.

우리는 그들이 보다 좋은 의미를 찾아낼 수 있도록 도와야 한다. 만일 우리가 그런 일에 대한 안목을 갖고 있다면, 다시 말해 그들에게 진정으로 관심을 갖고 올바른 방향으로 스스로 훈련할 수 있도록 돕는다면 그들이 하는 모든 일 속에서 의미를 발견하게 될 것이다.

최초의 오류를 발견하라

심리학의 목적에 있어서는 개인이 최초의 기억이라고 생각하는 것이 실제로 그러했는지 혹은 심지어 현실의 사건에 대한 기억인지 아닌지는 전혀 문제가 되지 않는다. 기억이 중요한 이유는 그 해석과 현재 및 미래의 인생에 대해 갖고 있는 관계 때문이다. 어떤 사람이 인생에 부여하는 의미가 발견되고 이해되는 일은 그의 전 인격을 아는 열쇠가 된다.

꿈이나 공상은 확실히 유익한 것일는지 모른다. 꿈의 세계에서나 눈을 뜨고 있는 세계에서나 똑같은 인격을 갖지만, 꿈속에서는 사회적 요구의 압력이 심하지 않기 때문에 인격은 극심한 방어나 은폐 없이 제 모습을 드러내기 쉽다.

사람이 자기 자신과 인생에 대해 부여한 의미를 완전히 이해하는 데 있어 가장 도움이 되는 것은 그 사람의 기억을 통해서이다. 기억이란 아무리 하찮아 보이더라도 그에게 있어서 무언가 기억할 가치가 있음을 나타내 준다. 기억을 떠올릴 때 그 일은 인생에 대해 어떤 관계가 있기 때문에 가치가 부여되는 것이다. 기억은 그것을 떠올리는 사람을 향해서 이야기한다. '당신이 이야기해야만 하는 것은 이것이다' '이 일은 당신이 피하지 않으면 안 되는 일이다' '인생이란 그런 것이다!'라고.

나는 경험 그 자체가 중요하지는 않다는 점을 새삼 강조한다. 경험은 끈질기게 기억으로 남아 인생에 부여할 의미를 결정시키기 위해서 이용되기 때문이다. 모든 기억은 하나의 기념품이다.

유아기의 기억은 각 개인의 자기 인생에 대한 독특한 대처 방법이 얼마나 오랫동안 지속되는가를 보여 준다. 또한 그가 인생에 있어 최초의 결정을 내려야 했던 모든 상황들을 이해하는 데 특히 도움이 된다. 게다가 가장 초기의 기억은 다음 두 가지 이유로 상당히 주목할 가치가 있다.

우선, 그 속에는 개인과 상황에 관한 근본적인 견해가 함축되어 있다. 그 일은 모든 상황에 대한 최초의 결산이며 자신에게 주어졌던 모든 요소에 대한 최초의 완전한 상징이다.

다음으로, 초기 기억은 그의 주관적인 출발점이며 자기 자신을 위해 묘사한 자서전의 시초라는 점이다. 그러므로 그 속에서 그가 가끔씩 느꼈던 약하고 불안정한 입장과 자신의 이상이라고 여기는 강력하고 안전한 목표와의 대조를 볼 수 있다. 심리학의 목적에 있어서는 개인이 최초의 기억이라고 생각하는 것이 실제로 그러했는지 혹은 심지어 현실의 사건에 대한 기억인지 아닌지는 전혀 문제가 되지 않는다.

기억이 중요한 이유는 그 해석과 현재 및 미래의 인생에 대해 갖고 있는 관계 때문이다. 이제 유년기 초기의 기억을 예로 들어 그 내용이 바로그 기억들이 결정시킨 인생의 의미라는 것을 입증해 보겠다.

첫 번째로 '나는 커피포트가 탁자에서 떨어져 화상을 입었다'라는 기억을 생각해 보자.

그녀가 '인생이란 그런 거야!' 하는 식으로 생각하고 무력감에 쫓기며 인생의 위험이나 곤란 등을 과대평가하고 있다는 걸 알게 된다고 해도 그리 놀랄 일은 아니다. 또 그녀가 마음속으로 자신을 다른 사람이 충분히 돌봐 주지 않았다고 비난한다고 해도 마찬가지다. 그렇게 작은 여자아이를 위험에 직면하도록 놔두었다는 사실은 누군가가 매우 부주의했음을 말해 준다.

두 번째 일례도 세상에 대한 비슷한 견해를 나타내고 있다. '내가 세 살 때 유모차에서 떨어졌던 일이 있다'라는 최초의 기억과 함께 그가 자주 꾸는 꿈의 내용은 이러했다.

'밤중에 잠에서 깨면, 세계에 종말이 와 있고 하늘이 불로 새빨갛게 타오르고 있다. 별이 모두 떨어지고 우리는 다른 혹성과 충돌하게 된다. 충돌하기 직전에 나는 잠에서 깨어난다.'

이 학생에게 무언가 두려워하는 게 있느냐고 묻자 그는 "나는 성공하고 싶지 않습니다"라고 대답했다. 그의 최초의 기억과 반복되는 꿈이 인생에 있어 용기를 꺾는 작용을 했음이 확실했다. 그는 실패와 파국에 대한 두려움을 심하게 갖고 있었다.

세 번째로, 야뇨증이 있으며 어머니와 끊임없이 언쟁을 하는 문제로 진찰을 받게 된 열두 살짜리 소년은 자기의 맨 처음 기억에 대해 다음과 같이 이야기했다.

"엄마는 내가 없어진 줄 알고 큰소리로 나를 부르면서 거리에 뛰어나 갔어요. 몹시 놀라서 말이에요. 사실 저는 집 안 문 뒤에 숨어 있었는데 말이죠."

이 기억 속에서 우리는 소년이 다음과 같이 생각하게 되었으리라고 판단 할 수 있다.

'인생이란 사람을 곤란하게 만듦으로써 주의를 끄는 것이다. 안전을 획득하는 방법은 남을 속이는 일이다. 나는 그다지 주목받고 있지 않지 만, 다른 사람을 바보로 만들 수는 있다.'

그 아이의 야뇨증도 다른 사람에게 주의를 끌기 위해서 자주 이용되 는 수단이었다. 게다가 소년의 어머니는 아들에 대한 일을 걱정하고 신 경질적이 됨으로써 그의 인생 해석을 확증해 주고 있었다.

앞에 들었던 사례들과 마찬가지로 이 소년 또한 너무 이른 시기에 외 부 세계가 위험에 꽉 차 있다는 인상을 받았다고 볼 수 있다. 그리고 다 른 사람들이 그를 위해 걱정을 하고 있는 순간에만 자신이 안전하다는 결론을 내렸던 것이다. 그는 이런 방법에 의해서만 자기가 보호받고 있 다는 사실을 확인할 수 있었다.

네 번째로, 서른다섯 살인 어떤 부인의 최초 기억은 다음과 같았다.

"나는 세 살 때 지하실에 내려갔습니다. 내가 아주 캄캄한 계단 위에 있었을 때 나보다 몇 살 위인 사촌 남자아이가 문을 열고 내 뒤를 따라 내려왔죠. 나는 그를 몹시 두려워하고 있었습니다."

이 기억에서 추측할 수 있는 점은 그녀가 다른 아이들과 어울려 노는데 익숙하지 않았다는 것 그리고 남자와 함께 있을 때 특히 불안을 느꼈다는 것이다. 우리는 그녀가 외톨이였다고 추측할 수 있다. 사실 그녀는 서른다섯 살의 독신이었다.

"어머니가 나에게 동생이 타고 있는 유모차를 밀게 했던 일을 기억하고 있어요"라고 하는 기억을 살펴보면 보다 높은 사회 감정이 그녀의 몸에 익혀져 있음을 알게 된다. 그렇지만 이 경우에는 자기보다 약한 사람과 있을 때에만 안심한다는 점과 어머니에 대한 의존적 경향을 찾아볼 수 있다.

새로 아기가 태어났을 때 그 아기를 돌보는 과정에서 손위 아이들의 협력을 구하고 관심을 기울이게 하며, 아기를 돌보는 책임을 나누어 주는 일은 매우 흔하다. 만약 그들의 협력을 구할 수 있다면, 그들은 아기에게 기울여진 주의 때문에 그들 자신의 중요성이 감소되었다고 느끼지는 않는다.

주위 사람에게 도움을 주고 싶다는 바람은 다른 사람에 대한 참된 관심을 증명하는 일임에 틀림없다.

다섯 번째로, 한 소녀는 최초의 기억에 대해 "나는 언니와 두 명의 여자 친구와 함께 놀았습니다"라고 대답했다.

여기에는 확실히 사교적으로 보이고자 노력하는 소녀의 모습이 나타나 있다. 그러나 그녀가 두려움에 가득 차 "나는 혼자서 살 수 있을지 그것이 가장 두려워요"라고 말했을 때 나는 그녀의 노력에 대한 새로운 통찰을 얻을 수 있었다.

독립심의 결여라는 징후가 보인 것이다. 어떤 사람이 인생에 부여하는 의미가 발견되고 이해되는 일은 그의 전 인격을 아는 열쇠가 된다. 간혹 사람의 성격은 절대 변하지 않는다는 말을 하는데 이는 상황을 이해하는 올바른 열쇠를 곧바로 발견해 보지 못한 사람들에 의해서만 주장되는 말이다.

앞서 살펴보았듯이 어떠한 방법으로든 최초의 오류를 발견하는 데까지 거슬러 올라가지 않는다면 성공할 수 없다. 잘못 인식된 의미를 개선하기 위해서는 인생에 대해 보다 협동적이며 보다 용기 있는 대처 방식을 훈련해야 한다. 협동이야말로 신경증적 경향의 발달에 대해서 우리가 갖고 있는 유일한 해결책이다.

그러므로 아이들이 협동하는 일에 대해 훈련받고 주의를 기울이게 하는 일은 매우 중요하다. 그들은 자기와 같은 또래의 아이들 사이에서 공통 과제와 공통 놀이를 통해 자신의 길을 발견해 내도록 해야만 한다.

협동을 배우는 일이 방해를 받게 되면 심각한 결과를 낳는다. 예를 들어 응석받이로 자기 자신에게만 관심을 갖는 것을 배워 버린 아이는 타인에 대한 관심이 없는 상태로 학교에 다니게 된다. 이런 아이가 교과에 관심을 갖는 경우는 단지 선생님의 관심을 끌게 될 거라고 생각할 때뿐이다. 그는 자기 자신에게 있어서 이익이 된다고 생각하는 일에만 귀를 기울인다.

성인이 되어 사회 감정을 기르는 데 실패한 그 아이는 점점 더 확실한 잘못을 하게 된다. 그리하여 최초의 심각한 과오를 범하게 되면 책임과 독립에 대해 자기 자신을 훈련하는 일을 그만둬 버린다. 이렇게 되면 그는 인생의 어떠한 훈련에 대해서도 거의 대처할 수 없게 된다.

우리는 이제 와서 그들의 여러 가지 결함을 비난할 수는 없다. 우리가 할 수 있는 일이란 그가 여러 가지 결과를 느끼기 시작했을 때, 그의 모든 결함을 고치기 위한 도움을 주는 일뿐이다.

한 번도 지리를 배운 적이 없는 아이가 시험지에 잘 정리된 답을 적을 수 있으리라고 기대해서는 안 된다. 마찬가지로 우리는 협동 훈련이 안 된 아이에게 이미 훈련받았음을 전제로 하는 과제를 제시한 뒤 올바른 해답을 낼 것이라고 기대할 수 없다.

교사나 부모가 인생에 의미를 부여할 때 저지르기 쉬운 과오를 이해하고 그들 자신이 같은 실수를 범하지 않는다면, 사회적 관심이 결여되어 있는 아이들이 스스로의 능력을 과소평가하지 않도록 또 삶의 문제에 직면했을 때 스스로 노력을 계속하도록 돕는 일이 가능해진다.

만일 그러한 도움을 받지 못한다면 그들은 문제 상황에서 안이한 출구 탐색하기, 도망쳐 버리기, 무거운 짐을 다른 사람에게 맡겨 버리기, 특별한 동정 구하기, 굴욕을 받았다고 느끼면 복수하기 등의 행동을 할 수도 있다.

혹은 '도대체 인생이 나에게 어떤 도움이 되지?' '내가 인생에서 무엇을 얻을 수 있지?'라는 자문을 하게 될 것이다.

반대로 이렇게 말하는 경우도 생각해 보자.

"우리는 스스로 자신의 인생을 만들어 가지 않으면 안 된다. 그것은 우리 자신의 과제이며 우리는 거기에 대처할 수 있다. 우리는 행동의 주인이다. 낡은 것이 변화되고 뭔가 새로운 것을 창조해야 한다면 그 일을 수행할 사람은 바로 우리 자신이다."

만약 인생이 이런 식으로 자립적인 인간들의 협력으로 이루어진다면, 어떠한 경우에도 우리 인간 사회의 진보에서 한계점이란 없을 것이다.

Alfred Adler

제2장

몸과 마음의 관계

마음과 몸의 상호작용

몸의 모든 운동 속에 그리고 모든 표현과 징후 속에는 마음의 목적이 새겨져 있다. 인간이란 움직이는 생명체이며 그 움직임에는 각각의 의미가 있다. 인간은 자기의 눈과 얼굴의 근육 따위를 움직인다. 그의 얼굴은 표현력을 갖고 있으며 의미를 지니고 있다. 이처럼 의미를 부여하는 것이 마음이다. 그리하여 지금 우리는 마음에 관한 과학이라 할 수 있는 심리학이 무엇을 취급하는지 이해하기 시작한다.

오래전부터 사람들은 마음이 몸을 지배하는지 아니면 몸이 마음을 지배하는지에 대해 수없이 논쟁을 거듭해 왔다. 철학자들도 이 논쟁에 가담하여 이런저런 입장을 밝혀 왔다. 그들은 스스로를 이상주의자라 부르기도 하고 유물론자라고도 하면서 수많은 논쟁을 벌였다.

그럼에도 이 문제는 여전히 결론이 나지 않고 미해결인 채로 남아 있다. 어쩌면 그 의문을 해결하는 데 있어 개인심리학이 어느 정도 도움이 될지 모른다. 개인심리학에서 볼 때 우리는 마음과 몸의 상호작용에 관해 진실로 직면할 수 있기 때문이다.

여기서 어떤 인물의 마음과 몸으로 이루어진 것들을 살펴보기로 하자. 만약 우리가 하고자 하는 일이 잘못된 토대 위에 있다면, 우리는 그에게 도움이 되려는 일에 실패하게 될 것이다.

우리의 이론은 명확하게 경험 속에서 우러나야 하고 응용 시험에 합격해야만 한다. 우리는 이러한 상호작용 속에서 살고 있으며, 올바른 견해를 찾아내기 위한 최대의 도전을 받고 있다.

개인심리학의 연구 결과는 이 문제에서 야기되는 많은 긴장을 제거한다. 몸과 마음은 각자 따로따로 머물고 있지 않다. 우리는 양자의 상호 관계를 그 전체로서 이해하기 시작하였다.

인간의 생명은 움직이고 있으며, 몸만 발달시켜서는 성숙한 인간이 될 수 없다. 만일 뿌리가 있어서 한 장소에 머무르며 움직이지 않는 식물에게 마음이 있다는 사실이 발견된다면 매우 놀라울 것이다.

하지만 식물이 예견을 할 수 있다든가 모든 결과를 앞당겨 볼 수 있다고 해도, 그런 능력은 식물에게 도움이 되지 않는다. 식물에게 있어서 '누군가가 이쪽으로 오고 있다. 곧 그는 나를 밟아 버릴 것이다. 그러면 나는 그의 발아래에서 무참히 죽게 되겠지'라고 생각하는 게 어떤 이익이 될까.

식물은 뿌리를 내린 곳에서 도망쳐 나올 수 없다. 그렇지만 움직이는 동물들은 행동을 예견할 수 있으며, 어떤 방향으로 움직여야 하는지 판단할 수 있다. 이 사실로 인해 동물에게는 마음이나 영혼이 있다고 가정해 볼 수 있는 것이다.

물론 자네는 감각을 갖고 있을 테지. 그렇지 않다면 자넨 움직일 수 없을 거야.

-《햄릿》제3막 4장-

이와 같이 운동의 방향을 예견하는 일은 마음의 중심적인 원리이다. 그러한 사실을 인지하든 못하든 간에 우리는 마음이 어떻게 몸을 지배하는지 또는 마음이 운동의 목표를 어떻게 설정하고 있는지 이해할 수 있다.

단순히 매 순간 아무렇게나 움직이기 시작하는 것만으로는 충분하지 않다. 여러 노력을 하기 위한 목표가 있어야만 한다. 운동의 목표를 결정하는 것이 마음의 기능이기 때문에 마음은 생명체 속에서 지배적인 위치를 차지하고 있다.

동시에 몸은 마음에 영향을 미친다. 몸은 움직이게끔 되어 있다. 하지만 마음이 몸에 영향을 미칠 수 있으려면 먼저 몸이 발달되어 있어야 한다. 즉, 움직일 수 있는 가능성이 있어야만 한다.

예를 들어 마음은 육체에게 저 멀리 달까지 움직일 것을 제안할 수 있다. 이때 몸이 한계를 감안하여 균형 잡힌 기술을 발명하지 않는 한 그 제안은 실패로 끝나고 만다.

인간은 다른 어떠한 생물보다도 운동을 많이 한다. 손으로 행하는 복잡한 움직임에서 볼 수 있듯이 인간은 보다 많은 방식으로 운동할 뿐만 아니라 자기 주변의 환경을 움직이는 데 있어서도 다른 생물보다 탁월한 능력을 가지고 있다.

그러므로 우리는 인간의 예견하는 능력이 가장 고도로 발달해 있다는 것을, 또 인간이 자기의 모든 상황을 개선하기 위해 노력하고 있다는 더욱 확실한 증거를 제시할 수 있으리라고 기대한다.

모든 사람에게는 부분적인 목표를 위한 갖가지 노력들의 배후에 전체를 움직이는 포괄적인 운동 기운이 있음을 발견할 수 있다. 노력하는 가운데 우리는 인생의 모든 역경이 극복되어 전체 환경과의 관계 속에서 더욱 안전하게 승리하며 부상해 왔다는 느낌에 도달하게 된다.

이러한 목적을 위해서는 인간의 모든 운동과 그에 대한 표현들이 정리되고 통합되지 않으면 안 된다. 마음은 하나의 궁극적 이상을 달성하기 위해 강해진다. 몸도 역시 마찬가지다. 몸도 하나의 통일체가 되려고 노력한다. 몸은 생식세포 속에 이미 존재해 있는 이상적인 목표를 향해 발달해 가고 있다.

가령 피부에 상처가 생기면 그것을 치료하기 위해 몸의 전체 기능이 바쁘게 움직인다. 몸이 그런 여러 가지 잠재력을 발휘할 때는 독단적으로 행하는 게 아니라 마음의 도움을 받아 발달이 이루어진다.

운동이나 훈련, 일반적인 위생의 가치는 이미 입증되어 있다. 그것들이 궁극적인 목표를 향해서 노력할 때 마음 또한 함께 움직이며 노력한다. 생명이 태어난 날부터 죽음에 이르는 최후의 날까지 끊임없이 성장과 발달의 연계가 계속된다.

몸과 마음은 하나가 되어 서로 협력한다. 마음은 동력기와 같은 것으로써, 그 힘으로 몸속에서 발견할 수 있는 모든 잠재력을 끌어내어 몸이 안정되고 모든 어려움을 이겨내도록 도움을 준다.

몸의 모든 운동 속에 그리고 모든 표현과 징후 속에는 마음의 목적이 새겨져 있다. 인간이란 움직이는 생명체이며 그 움직임에는 각각의 의미가 있다.

인간은 자기의 눈과 얼굴의 근육 따위를 움직인다. 그의 얼굴은 표현력을 갖고 있으며 의미를 지니고 있다. 이처럼 의미를 부여하는 것이 마음이다. 그리하여 지금 우리는 마음에 관한 과학이라 할 수 있는 심리학이 무엇을 취급하는지 이해하기 시작한다.

심리학의 영역은 개인의 모든 표현 속에 함축되어 있는 의미를 탐구하며 그 사람의 목표를 응시하고, 그것을 다른 사람들의 목표와 비교하는 일에 역점을 두고 있다.

안전이라는 궁극적인 목표를 향해 노력하면서 마음은 항상 그 목표를 구체적으로 밝힐 필요성에 직면한다. '이 특정한 점에 있어서 안전한 선'을 측정하고 '이 특정한 방향으로 나아감으로써 그 목표가 달성되는 일'을 측정할 필요가 생긴다. 물론 여기에서 잘못이 범해질 경우도 있다. 그러나 지극히 뚜렷한 목표나 방향 설정이 없다면 여러 가지 운동이란 있을 수 없다.

만일 내가 손을 올린다고 하면 먼저 마음속에 그 운동을 위한 목표가 있어야만 한다. 마음이 선택하는 방향은 얼핏 보기에 해로워 보일 수도 있지만, 그 방향이 선택된 이유는 마음이 자신의 목적에 합당하고 더욱 유익한 방향이라고 결정지었기 때문이다.

안전이라는 목표는 모든 인간에게 공통적이다. 하지만 어떤 사람들은 그 안전의 개념을 잘못 인식하여 우왕좌왕하는 행동을 하기도 한다. 우리가 어떤 표현이나 징후를 보고 그 배후에 있는 의미를 인식하여 행한다면, 그 의미를 이해하기 위한 가장 좋은 방법은 우선 그 윤곽만 집고 하나의 간단한 운동으로 환원하는 일이다.

예를 들어 훔친다는 행위를 생각해 보자. 훔치는 행위는 어떤 사람에게서 그의 소유물을 가져오는 일을 의미한다. 그 움직임의 목표를 생각해 보면 자신을 풍부하게 하며 더 많은 것을 소유함으로써 더욱 평온한 안정감을 갖고자 하려는 일이다.

따라서 한 사람이 그러한 행동을 하게 만드는 요인은 자기가 빈곤하며 강탈당하고 있다는 느낌이다. 다음 단계는 이 개인이 어떤 상황에 놓여 있는지 또 그가 어떤 상황 속에서 강탈당한다고 느끼는지를 알아내는 일이다.

마지막으로 그가 이런 상황을 변화시켜, 강탈당하고 있다고 느끼는 자신의 감정을 극복하기 위해 올바른 방법을 취하고 적정한 방향으로 나아가고 있는지 또는 그가 바라는 바를 손에 넣는 방법이 잘못되지는 않았는지에 대해 알아낼 수가 있다.

우리는 그의 궁극적인 목표를 비판할 필요는 없다. 그러나 우리는 그가 그 목표를 구체화할 때 잘못된 방법을 선택했다는 점을 지적할 수는 있다. 인간이 그 환경 속에서 만들어 냈던 여러 가지 변화를 우리는 문화라고 부른다. 우리의 문화는 인간의 마음이 자기 자신을 보호하기 위해서 이룩해 온 모든 행위의 결과이다.

몸의 발달은 마음에 의해 결정된다

행동이 한 사람의 인생 해석과 연결되듯이 지금 만일 그가 잘못을 수정한다면, 그의 새로운 해석에 의해 모든 행동이 새롭게 표현될 것이다. 개인이 자신의 환경과 접촉하고 여러 가지 인상을 받는 것은 육체적 기관에 의해서이다. 그러므로 우리는 인간이 자신의 몸을 훈련하는 방법을 통해 자기의 환경을 어떻게 인식하고 있는지, 자기의 경험을 어떤 식으로 이용하려고 하는가를 알아낼 수 있다.

우리의 행위는 마음에 의해 영감을 받는다. 우리 몸의 발달은 마음에 의해 그 방향이 결정되며 도움을 받는다. 결국 우리는 마음의 목적 의도로 꽉 차 있지 않은 인간의 표현을 단 한 가지도 발견할 수 없다. 그렇지만 마음이 자기의 역할을 과시할 정도로 강조하는 일은 결코 바라지 않는다.

우리가 역경을 극복하려 한다면 신체적인 능력이 동반되어야 한다. 그러므로 마음은 몸이 보호될 수 있도록 환경을 다스린다. 우리의 몸을 병과 죽음, 파괴, 사고, 기능장애로부터 보호하기 위해서 마음이 존재하는 것이다.

마음은 쾌감이나 고통을 느끼기도 하고 공상을 하기도 하며, 좋거나 나쁜 상황들과 자신을 동일화하기도 하는 우리의 능력에 의해 존재한다. 몸이 여러 가지 느낌을 갖는 이유는 이러한 반응에 의해서 지금 어떤 상황에 처해 있고 어떻게 대처해야 하는지를 정리해서 알도록 하기 위함이다. 공상이나 자기 동일화는 예견의 방법이다.

뿐만 아니라 느낌은 몸의 반응과 함께 이루어지는 모든 감정을 북돋운다. 한 개인의 여러 감정을 통해 우리는 그가 삶에 부여하는 의미와 목표를 더욱 분명하게 알 수 있다.

감정은 인간의 육체를 통제하지만 육체에 크게 의존하지는 않는다. 감정은 주로 그의 목표와 나란히 그의 일관된 인생 방식에 의존하고 있다.

또한 개인은 인생의 방식에 의해서만 통제받지도 않는다. 그 사람의 태도는 다른 것들의 도움 없이 혼자 저절로 튀어나오는 것이 아니다. 어떤 태도가 직접적인 행위로 드러나기 위해서는 감정이 뒷받침되어야 한다. 개인심리학의 입장에서 새롭게 관찰된 바에 따르면 개인의 여러 가지 감정은 그가 가진 인생 방식과 결코 모순되지 않는다. 목표가 있는 곳에서 감정은 언제나 그 목표 달성을 위해 스스로를 적응시킨다. 우리는 그 일을 생리학이나 물리학의 견지에서 설명할 수 없다. 여러 감정이 일어나는 것은 화학 이론으로 설명할 수 없으며 화학적 검사에 의해서 예고되지도 않는다.

개인심리학에서는 생리학적인 모든 과정들을 고려해야 하지만 우리는 심리학적 목표에 보다 큰 관심을 갖고 있다. 불안의 감정이 교감신경과 부교감신경에 영향을 주는 데 대하여 우리는 큰 관심이 없다. 오히려 불안의 목적과 목표가 무엇인지를 탐구하는 일이 핵심이다.

이러한 접근 방법을 통해서 볼 때 불안은 억제된 성욕에서 생기는 것이라든가, 두려운 출산 경험의 결과라고 생각되지 않는다. 그와 같은 설명은 걸맞지 않다.

우리는 어머니와 항상 가까이 있으며 도움을 받고 지지를 받는 데 익숙해져 있는 아이라 할지라도, 불안의 감정을 자신의 어머니를 지배하기 위한 매우 유효한 무기로 생각한다는 점을 알고 있다. 분노에 관한 육체적 서술로도 기존의 설명은 만족스럽지 않다. 우리는 경험을 통해 분노가 어떤 사람 혹은 상황을 지배하기 위한 보조 수단임을 알게 되었다.

모든 육체적 및 정신적 표현은 유전에 기초를 두고 있다는 사실이 증명되었다고 생각한다. 우리는 명확한 목표를 달성하려는 노력에 있어서 이 유전적 소질이 이용되는 방법에 주의를 집중하고 있다.

이것만이 유일한 심리학적인 접근 방법이라고 생각된다. 우리는 모든 개인에게 있어서, 감정이 그의 목표 달성을 위한 본질적인 방향으로 향하고 있거나 또는 그에 대응해서 좌우되고 발달한다는 사실을 보게 된다.

사람들이 느끼는 불안이나 용기, 쾌활함이나 슬픔은 그의 인생관과 일치한다. 거기에 비례하여 드러나는 모든 감정의 힘이나 지배는 정확하게 우리가 예견할 수 있었던 부분이다. 다른 사람보다 우월해지고 싶다는 목표를 슬픔을 통해 달성하는 사람은 결코 유쾌할 수 없으며, 자기가 다다른 상황에 만족하지도 못한다. 그는 자기가 비참할 때에만 행복한 것이다.

우리는 또 여러 가지 감정이 필요에 의해서 나타나기도 하고 사라지기도 한다는 사실도 알 수 있다. 광장공포증으로 괴로워하고 있는 환자는 자신의 집에 있을 때에는 불안감을 느끼지 않는다. 모든 신경증 환자는 자기들이 강하지 못하다고 느끼는 생활의 모든 부분을 외면한다. 그가 느끼는 정서는 인생 방식과 같이 고정되어 있다. 그는 자기보다 약한 사람과 있을 때에는 거만하게 굴기도 한다. 다른 사람에 의해 보호되고 있을 때에는 용감하게 보이기도 하는데, 그는 자기 세계의 문을 굳게 닫아걸고 사나운 개나 함정과 같은 것으로 대비하며 자기는 용감하다고 주장할지도 모른다.

아무도 그의 불안감을 증명할 수는 없다. 하지만 그가 자신의 몸을 보호하기 위해 수많은 방법을 아낌없이 이용하고 있는 현실을 보면 그가 얼마나 겁이 많은지를 충분히 감지할 수 있다.

성애(性愛)의 영역도 똑같은 증언을 준다. 성에 관한 모든 감정은 항상 다른 사람이 자기의 성적 목표에 가까워지기를 바랄 때에 나타난다. 그는 정신을 집중함으로써 자신의 목표에 모순되는 모든 과거나 상반되는 관심을 외면하려고 한다.

이와 같은 방법으로 그는 적절하다고 생각되는 감정이나 기능을 불러일으킨다. 이러한 감정이나 기능이 잘 작동하지 않고 부적절한 과제나 관심의 배제를 거부하게 되면 조루, 성도착, 불면증과 같은 증상이 생겨난다.

그처럼 정상적이지 못한 성향은 언제나 우울하고 싶어 하는 잘못된 목표나 잘못된 인생 방식에 의해 유발된다. 그런 사람들은 타인을 생각하기보다는 자신이 배려받기를 원하고 사회 감정이나 용기가 결여되어 있으며, 여러 낙천적인 활동에서 실패하는 모습을 보인다.

그와 관련한 한 예가 있다. 차남인 한 남자가 피할 수 없는 죄책감으로 몹시 심각한 고통을 받고 있었다. 그의 집안은 아버지나 형 모두 정직함을 매우 숭상하는 집안이었다.

그는 일곱 살 때 학교 선생님에게 형이 어떤 숙제를 대신 해 주었다고 스스로 고백했다. 소년은 죄의식을 3년 동안이나 숨기고 있다가 결국 선생님 집을 찾아가서 자신의 '엄청난' 거짓을 고백했다. 선생님은 단지 웃었을 뿐이다. 이어 아버지에게 간 그는 울면서 두 번째 고백을 했다. 이번에는 전보다 더 자세하게 이야기했다. 아버지는 자식이 진실을 사랑하고 있다는 사실을 자랑스럽게 생각하며 따뜻하게 위로해 주었다. 그러나 아버지의 용서를 받고도 소년은 여전히 우울했다.

우리는 이 소년이 사소한 일을 갖고 그 정도로 심하게 자신을 책함으로써, 자기의 성실성과 엄격함을 증명하는 데 오로지 마음을 쏟고 있음을 알 수 있다. 그 가정의 엄격한 도덕적 분위기는 소년이 정직함에 있어서 남들보다 뛰어나다는 인식을 주었던 것이다.

그는 학업과 사회성에 있어서 형에게 열등감을 느끼고 있었다. 때문에 자신의 부정행위를 고백하고 정직성을 인정받음으로써 우월성을 획득하고자 했다.

그는 나중에는 다른 비난으로 고통받아야 했다. 학교에서 커닝을 전혀 안 한 게 아니었기 때문이다. 그 죄책감은 항상 시험을 보기 전에 심해졌다. 시간이 흐름에 따라 그는 이런 형태의 곤란함을 점점 더 심하게 느끼게 되었다. 민감한 양심 때문에 그는 형보다 더욱 무거운 짐으로 괴로워했다. 이런 식으로 그는 형과 같아지려고 함으로써 맞이하게 되는 모든 실패에 대한 좋은 변명을 준비해 두고 있었다.

대학을 중퇴했을 때 그는 기술 관계의 직업을 가지려고 계획했다. 그러나 내면의 협박적 죄의식이 너무나 심해졌으므로, 그는 어쩔 수 없이 신의 용서를 구하기 위해 하루 종일 기도할 수밖에 없었다. 그리하여 도무지 일을 할 수 있는 시간 자체가 없어져 버렸다.

당시 그의 상태는 매우 나빴기 때문에 결국 정신병원으로 보내졌다. 치료될 수 없다는 진단이 나왔지만 얼마 지나지 않아 상태가 좋아져 퇴원할 수 있게 되었다.

그는 만일 재발해서 곤란을 겪게 되면 다시 입원할 수 있도록 허가를 받은 뒤 직업을 바꾸어 예술사를 공부했다. 이윽고 시험을 치를 때가 다가왔다. 공휴일에 그는 어느 교회에서 갑자기 군중 속에 몸을 내던지고는 "나는 세상에서 가장 나쁜 죄인입니다"라고 울부짖었다. 이 일로 그는 한 번 더 자기의 예리한 양심으로 사람들의 주의를 모으는 데 성공하였다.

그는 다시금 정신병원에서 치료를 받은 후 집으로 돌아왔다. 그러던 어느 날 점심 식사 시간에는 그가 나체로 내려왔다. 그의 체격은 매우 좋았다. 그는 이 점에서 형은 물론 다른 사람들과도 충분히 겨룰 수 있었다.

그의 죄책감은 다른 사람들보다 정직하게 보이기 위한 수단이었으며, 이렇게 해서라도 우월감을 탈취하려고 한 노력이었다. 문제는 그의 노력이 인생의 무익한 측면에 치우쳐 있었다는 데 있다. 시험이라든가 직업으로부터의 도피는 그를 겁쟁이로 만들었으며 더더욱 무능력하게 만들었다. 신경증은 모두 그가 패배를 두려워했던 활동을 의도적으로 배제하는 일이었다.

그가 너무도 하찮은 수단으로 우월감을 얻기 위해 노력한다는 사실은 그가 교회에서 몸을 내던졌을 때에도, 또 아무것도 걸치지 않은 모습으로 식당에 나타났을 때에도 명확히 볼 수 있었던 셈이다. 그의 인생 방식이 바로 그러한 일을 요구했으며 그가 불러일으켰던 모든 감정은 완전히 그로 의한 것이었다.

이제까지 살펴본 대로 개개인이 자기 마음의 통일성을 확립하고 몸과 마음의 관계를 구축하는 것은 인생 최초의 4~5년 동안이다. 그는 자신의 유전적 소질과 환경에서 끌어낸 인상을 취합하여 우월성의 탐구에 적응시켜 간다. 다섯 살이 끝날 무렵까지 인간의 인격은 완전히 결정된다. 그 사람이 인생에 부여한 의미, 추구하는 목표, 문제에 대처하는 태도, 정서적인 특징 등이 모두 고정되어진다.

그것은 물론 나중에 변화할 수 있다. 이전에 했던 모든 행동들이 마치 한 사람의 인생 해석과 연결되어 있듯이, 만일 자신의 잘못을 수정한다면 그의 새로운 해석에 의해 모든 행동이 새롭게 표현될 것이다.

개인이 자신의 환경과 접촉하고 여러 가지 인상을 받는 것은 육체적 기관에 의해서이다. 그러므로 우리는 인간이 자신의 몸을 훈련하는 방법을 통해 자기의 환경을 어떻게 인식하고 있는지, 자기의 경험을 어떤 식으로 이용하려고 하는가를 알아낼 수 있다.

만약 우리가 어떤 식으로 보고 듣는지 또 그의 주위를 끄는 일이 무엇인지 알 수 있다면 우리는 그에 대해서 이미 많은 것을 배운 셈이다. 육체적 태도가 매우 중요하다고 하는 이유는 바로 이 때문이다. 자세는 모든 기관의 훈련과 인상을 선택하기 위해서 그것을 이용하는 방법을 우리에게 보여 준다.

심리는 특정 신체 증상에 영향을 준다

우리는 종종 정신적 실패로 인해 드러나는 신체적인 모든 증상들을 명확히 관찰하게 된다. 그런 사람들에게서는 장애를 극복할 수 있는 올바른 방법을 찾아볼 수 없다. 내분비샘조차도 태어난 후 최초의 4~5년 사이에 확실히 영향을 받는다. 몸의 기관은 환경 전체에 의해서, 아이가 세상에 대해 느끼고자 하는 방향성에 의해서, 이런 흥미로운 상황 속에서 정신의 창조적 활동에 의해 끊임없이 영향을 받고 있다.

독일의 저명한 사회학자가 놀랄 만한 사실을 발견했다. 범죄를 억압하는 데 모든 노력을 기울이는 가정, 다시 말해 재판관, 경관, 간수 등의 가정에서 상당한 숫자의 범죄자가 나온다는 사실이었다.

교사의 아이들 또한 몹시 반항적인 경우가 많다. 나 자신의 경험에 비추어 보아도 이 통계는 어느 정도 맞는 듯하다. 나는 놀랄 만큼 많은 숫자의 신경증적인 아이들이 의사의 자녀들 가운데 있으며 또 많은 수의 비행 청소년들이 목사의 아이들이라는 사실을 알아냈다.

마찬가지로 배뇨 조절을 강조하는 부모 밑에서 자라는 아이들은 그들이 자신의 의지를 갖고 있다는 사실을 지극히 명료한 방법으로 즉, 야뇨증을 통해 증명하고 있다. 뿐만 아니라 야뇨증은 우리가 의도하는 행동에 적합한 감정을 불러일으키기 위해서 꿈이 어떻게 이용되는지를 보여 준다.

야뇨증인 아이들은 흔히 자기들의 방을 나와 화장실에 가는 꿈을 꾼다. 이런 식으로 그들은 자기변명을 한다. 이 말은 그들이 이불에서 소변을 볼 권리가 있다고 주장하는 것과 같다.

야뇨증의 역할은 일반적으로 낮과 똑같이 밤에도 다른 사람의 관심을 끌고 종속시켜 주의를 받으려는 것이다. 때로 그것은 타인을 적대시하는 일이며, 그 습관은 적개심을 선언하는 일이기도 하다.

모든 각도에서 보면 우리는 야뇨증이 하나의 창조적인 표현이라는 사실을 알 수 있다. 그 아이는 입 대신에 방광을 사용하여 말을 하고 있는 것이다. 육체 기관의 불완전함은 그 아이에게 있어 의견을 표현하는 수단을 제공할 뿐이다.

이런 방법으로 자신을 표현하는 아이는 항상 긴장감으로 괴로워한다. 일반적으로 그들은 더 이상 특별한 관심을 받지 못하게 된 응석받이 아이들의 부류에 속한다. 그들은 남동생이나 여동생이 태어나면 엄마의 사랑을 계속 독점할 수 없으리라고 생각한다. 그러므로 야뇨증은 그러한 불쾌한 수단에 의해서라도 엄마와 더 가깝게 접촉하게 되리라는 기대를 표현하는 방식이다.

실제로 그 증상은 '나는 엄마가 생각하고 있는 만큼 성장하지 않았다.

아직 보살핌을 받지 않으면 안 된다'라는 표현이다. 아이는 아마 다른 사정이 있거나 다른 불완전한 기관을 가지고 있다면 그 수단을 선택했을 것이다.

가령 어떤 아이는 관계를 만들기 위해서 소리를 사용하기도 한다. 그 경우라면 그들은 한밤중에 계속해서 울어 댈 것이다. 어떤 아이는 몽유병을 갖게 되기도 하며 악몽에 시달리기도 하고 침대 아래로 떨어지기도 한다. 갈증이 난다면서 물을 달라고 하는 경우도 있다.

이런 여러 표현의 배후에 있는 심리적 배경은 모두 비슷하다. 어떤 증상을 선택할지 여부는 자신의 몸 상태나 주위 사람들의 태도에 의해서 좌우된다. 그런 예들은 마음이 몸에 미치는 영향을 매우 잘 나타내 준다. 틀림없이 심리는 특정한 신체적 증상이 나타나는 데에 영향을 줄 뿐만 아니라 몸의 전체 구성을 통제하며 영향을 준다.

우리는 이 가설을 직접적으로 증명할 수는 없으며 그런 증명이 어떻게 확립될 수 있는지를 이해하기도 어렵다. 그렇지만 간접적인 증거는 충분히 찾아볼 수 있다고 생각한다. 만약 몸에 자신이 없다면 그 사람의 열등감은 발달의 모든 면에 반영된다. 그는 육체를 사용해 뭔가 하는 일을 좋아하지 않는다. 아니, 그보다는 오히려 그런 일이 자기에게 가능하다고 생각조차 하지 않는다.

그 결과 자신의 근육을 유효한 방법으로 훈련하려는 생각은 하지도 않으며 외부 세계에서 보통 근육 발달에 자극이 된다고 생각되는 일들을 모두 배제하려고 한다. 근육의 훈련에 흥미를 갖는다든지 약한 몸에 대한 두려움이 없는 다른 아이들은 신체적 적응력이 갈수록 진보되어 가지만, 이 아이는 관심마저 없애려 하기 때문에 발달이 늦어진다.

이러한 고찰을 통해서 우리는 몸의 형태와 발달은 심리에 영향을 미치며, 심리의 잘못이나 결함을 반영한다고 확실하게 결론지을 수 있다. 우리는 종종 정신적 실패로 인해 드러나는 신체적인 모든 증상들을 명확히 관찰하게 된다. 그런 사람들에게서는 장애를 극복할 수 있는 올바른 방법을 찾아볼 수 없다. 내분비샘조차도 태어난 후 최초의 4~5년 사이에 확실히 영향을 받는다.

불완전한 내분비샘 자체가 사람의 행동에 강제적인 영향을 미치는 일은 없다. 이에 반해 몸의 기관은 환경 전체에 의해서, 아이가 세상에 대해 느끼고자 하는 방향성에 의해서, 이런 흥미로운 상황 속에서 정신의 창조적 활동에 의해 끊임없이 영향을 받고 있다.

마음이 몸에 영향을 미친다는 또 하나의 증거가 있다. 다음에 이어지는 설명들이 더 잘 이해되도록 해 줄 것이다. 왜냐하면 그것은 보통 사람들에게도 친근한 표현이며, 몸의 고정화된 습성에 이끌리는 게 아니라 일시적인 표현에 끌리는 것이기 때문이다.

사람들은 자신의 감정을 눈에 보이는 어떠한 형태로 나타낸다. 자세나 태도나 표정에서, 아니면 다리나 무릎을 떠는 동작 등으로 드러나는 것이다. 이와 똑같은 변화가 다른 기관에 있어서도 보인다. 예를 들어 얼굴이 빨개진다거나 창백해지게 되면 혈액순환이 영향을 받고 있다는 뜻이다. 노여움, 불안, 슬픔과 그 밖의 어떤 감정을 느낄 때에도 항상 몸은 말을 하고 있다. 개개인의 몸은 그 자신의 언어로 이야기를 하고 있다.

두려운 상태에 있을 때 어떤 사람은 떨고 어떤 사람은 몸의 털이 곤두서며 다른 누군가는 심장이 두근두근거린다. 식은땀을 흘리기도 하고 갈증이 나기도 하며, 목이 쉰다거나 긴장으로 위축되기도 한다. 어떤 때에는 한기로 몸이 오그라들고 식욕이 없어지거나 구토를 하기도 한다.

어떤 사람은 그런 감정에 의해 방광에 자극을 받기도 하고 성기에 영향을 받는 사람도 있다. 실제로 시험을 치르는 동안에는 성기에 자극을 받는다고 느끼는 아이들도 많이 있다. 범죄자들이 범행을 저지른 후에 사창가에 간다거나 애인을 만나는 경우가 많다는 사실은 잘 알려져 있다.

어떤 심리학자는 주장하기를 과학의 영역에서는 본래 성과 불안이 상호 결합되어 있던 것이며 완전히 동떨어져 있지 않다고 말한다. 그들의 견해는 대부분 그들 자신의 경험에 의존하고 있으므로, 성과 불안의 관계가 모든 사람에게 적용된다고 할 수는 없다.

이러한 모든 반응은 개개인의 유형에 따라 다르다. 반응들 가운데 일부는 어느 정도까지는 유전적이라고 할 수 있으며, 어떤 종류의 신체적 표현은 자주 우리에게 그 집안의 약점이나 특징을 알도록 해 준다.

다른 가족도 매우 유사한 신체적 반응을 보일지 모른다. 여기에서 더욱 흥미 깊은 점은, 심리가 여러 가지 감정에 의해 신체적인 모든 조건을 어떻게 활성화시키는가를 보는 일이다. 여러 감정과 더불어 반응하는 신체적 표현은 심리의 상태가 좋거나 나쁘다고 해석되는 상황 속에서 어떻게 반응하고 활동할지를 보여 준다.

예를 들면 화가 났을 때 사람들은 자신의 불완전함을 될 수 있는 한 빨리 극복하기를 원한다. 이런 상황에서 가장 편리한 방법은 상대방을 공격하거나 비난하는 일이다. 노여움은 몸의 여러 기관에 영향을 끼쳐 행동을 위해 동원되기도 하며 더욱 긴장하게도 한다.

어떤 사람들은 화가 났을 때 위장의 상태가 나빠지기도 하고 얼굴이 빨개지기도 한다. 심지어 두통이 생길 정도로 혈액순환이 나빠지는 경우도 있다. 보통 편두통이나 습관성 두통을 겪는 사람들을 보면 심리적 배후에 격한 노여움이나 굴욕감이 억압되어 있음이 발견된다. 간혹 어떤 사람들은 신경통이나 전환성 발작을 겪기도 한다.

그럼에도 마음에 의해서 몸이 영향을 받는다는 근거는 지금까지 충분히 해명되지 않은 상태다. 아마 완전하고 충분하게 설명하기 힘든 문제일 것이다.

긴장하는 사람은 움직인다

하나의 감정이 신체적으로 표현되기 위해서는 몸 전체가 관여하게 되는데, 자세히 살펴보면 이러한 신체적 표현은 심리와 몸의 움직임에서 기인하고 있음을 알 수 있다. 우리가 풍부한 경험을 갖고 있다면 여러 상황에 따른 개인의 행동을 보면서 그가 다른 사람과 협동하는 능력을 어느 정도 갖고 있는지 알 수가 있다. 사람들은 그 사실을 간과한 채 항상 직접적인 표시를 찾기 바란다.

정신적인 긴장은 수의(隨意)조직이나 식물성 신경조직에도 영향을 미친다. 긴장하고 있을 때에는 수의조직이 활동을 한다. 긴장한 사람은 탁자를 치기도 하고 입술을 깨물기도 하고 종이를 찢어 버리기도 한다.

긴장하고 있을 때 사람들은 어떤 방법으로라도 움직여야만 한다. 연필이나 둘둘 만 종이를 씹는 등의 행위는 긴장을 발산하려는 의도에서 나온다. 이러한 행위는 그 사람이 어떤 상황에 직면하는 태도가 지나치게 민감하다는 사실을 보여 준다.

모르는 사람들 사이에 있을 때 얼굴이 붉어진다든가 떨기 시작하며 경련을 일으키는 것도 마찬가지 경우다. 그 증상들은 모두 긴장의 결과이다. 긴장은 식물성 조직에 의해서 몸 전체에 전달된다. 때문에 어떤 감정이 일어날 때는 몸 전체가 전부 긴장하게 된다. 이런 긴장의 표시가 늘 균등하고 명확하게 나타나지는 않는다. 우리가 '증후'라고 부르는 것은 특정 결과를 발견할 수 있는 경우에 한해서이다.

하나의 감정이 신체적으로 표현되기 위해서는 몸 전체가 관여하게 되는데, 자세히 살펴보면 이러한 신체적 표현은 심리와 몸의 움직임에서 기인하고 있음을 알 수 있다.

이처럼 마음과 육체 사이의 상호 관계를 탐구하는 일은 매우 필요하다. 우리가 매우 관심을 가질 만한 영역이기 때문이다. 우리가 갖고 있는 인생 방식과 거기에 호응하는 정서적 특성은 몸의 발달에 계속적인 영향을 미친다.

아이가 자기의 인생 방식을 유아기의 초기에 결정짓는다는 게 사실이라면, 그리고 우리가 만약 충분한 경험으로써 그 사실을 입증할 수 있다면 이후의 생활 속에서 결과로 나타나는 신체적인 모든 표현을 발견할 수 있다.

용기 있는 사람은 삶에 대한 자신의 태도를 몸으로 나타낸다. 그의 몸은 다른 식으로 만들어질 수 있다. 근육의 탄력성은 더욱 강해지며 몸의 동작은 더욱 민첩하게 된다. 삶에 대한 자세는 상당한 정도로 몸의 발달에 영향을 미치며 부분적으로는 근육의 탄력성이 좋아진다고 설명될 수 있다.

용기 있는 사람은 표정도 다르며 나중에는 얼굴 모습 전체가 달라진다. 두개골의 형태마저 영향을 받기도 한다. 오늘날 심리가 뇌수에 영향을 줄 수 있다는 사실을 부정하기는 어려울 것이다.

병리학에서는 뇌의 좌반구 일부분이 손상된 사람의 예를 볼 수 있다. 좌반구의 손상으로 인해 그는 읽고 쓰는 능력을 상실하게 되었는데, 뇌의 다른 부분을 훈련함으로써 이 능력을 회복하게 되었다. 가끔 일어나는 일이지만 어떤 사람이 뇌졸중 발작으로 쓰러져 뇌의 파괴된 부분을 고칠 가능성이 전혀 없었음에도 불구하고, 뇌의 다른 기관이 그 기능을 회복하여 모든 능력이 완전히 복구되었던 일이 있다.

이 사실은 개인심리학을 교육적으로 응용할 가능성을 보여 주는데, 많은 도움이 되기 때문에 특히 중요하다. 만약 심리가 뇌에 그와 같은 영향을 줄 수 있다면 또는 심리가 도구에 지나지 않는다면 우리는 이 도구를 발달시켜 개량하는 방법을 발견할 수 있다.

일정한 표준의 뇌를 갖고 살아온 사람은 누구나 일생을 불가피하게 구속된 채로 있을 필요가 없다. 또는 뇌를 그 사람의 인생에 보다 적합하게 만드는 방법이 발견될지도 모른다.

잘못된 방향으로 목표를 설정한 심리 상태, 예컨대 협동 능력을 발달시키지 않은 사람의 심리는 뇌의 생장에 도움을 주기가 힘들다. 우리는 이런 이유로 협동 능력이 결여되어 있는 많은 아이들이 그 이후의 생활 속에서 지성이나 사물을 이해하는 능력을 발달시키지 못했다는 사실을 발견했다.

성인의 행동 전체가 처음 4~5년간에 완성된 인생 방식으로부터 많은 영향을 받기 때문에, 그리고 통각 체계 및 인생에 부여한 의미로 인한 결과를 모두 명료하게 볼 수 있기 때문에 협동의 문제를 고민하게 되며 이런 실패를 시정하는 데 도움이 될 수 있다.

개인심리학에서 이미 우리는 이런 학문을 향해 최초의 몇 발자국을 내디뎠다. 많은 심리학자들이 마음의 표현과 몸의 표현 사이에 끊임없이 관계가 맺어지고 있다는 사실을 지적해 왔다. 다만 양자를 잇는 다리를 발견하려고 한 사람들이 많지 않았을 뿐이다.

크레치머는 몸의 구조 속에 일정한 유형으로 맺어지는 마음과의 대응을 어떻게 발견할 수 있는가에 대해 논했다. 그리하여 그는 인류의 대다수를 몇 종류의 유형으로 구별 가능하다고 말했다.

예를 들어 땅딸보형의 사람, 즉 비만하고 둥근 얼굴에 낮은 코를 가진 사람들이 있다. 줄리어스 시저가 다음과 같이 말했던 유형의 사람들이다.

뚱뚱하며, 머리를 단정하게 빗어 넘긴
밤에 잠을 잘 자는 남자들을
내 주위에 있게 해다오.
-《시저》-

크레치머는 외적인 체형과 정신적 특징을 연결시켰다. 그러나 그는 저서에서 이렇게 관련지었던 이유를 명확하게 밝혀 놓지 않았다. 우리들에게 있어서는 이런 체형의 사람들이 기관의 결함으로 인해 고민하고 있다고 생각되지 않는다.

그들의 몸은 문화에 잘 적응한다. 그들은 신체적으로 다른 사람과 동등하다고 느낀다. 그들은 자기의 힘에 자신을 갖고 있다. 또한 긴장하고 있지도 않으며 만약 싸우고 싶다고 생각하면 싸울 수도 있다. 하지만 그들은 타인을 적으로 간주할 필요가 없으며, 인생이 그들을 적대시한다고 느끼지 않으므로 인생에 항거할 필요가 없다.

심리학의 어떤 학파는 그들을 외향적이라고 부른다. 우리는 그들이 외향적일 거라고 기대해야 한다. 왜냐하면 그들은 몸의 고통 따위를 갖고 있지 않기 때문이다.

크레치머가 구별한 대조적인 유형은 정신분열증적인 사람이다. 그들은 보통 키가 크고 코가 길며 계란형의 얼굴을 하고 있다. 이런 사람들은 걱정을 많이 하며 내성적이고 정신장애가 생기면 분열증이 온다. 시저가 다음과 같이 말한 유형의 사람들이다.

저기에 있는 카시우스는 너무 말라서 배가 고픈 듯하다.

그는 사물을 지나치게 생각한다.

저런 인간은 위험하다.

-《시저》-

아마 이런 사람들은 불완전한 기관으로 인해 고민하며, 자기중심적이고, 보다 많은 주변의 관심 속에서 자랐을 것이다. 그들은 다른 사람들보다 많은 도움을 청할 것이며, 자기가 충분히 배려되고 있지 않다는 생각이 들면 원한을 품고 의혹을 갖게 된다.

그렇지만 우리는 크레치머가 인정했던 대로 대부분 혼합된 유형의 사람들이 많다는 사실을 발견한다. 비만형인 동시에 분열형에 속하는 정신적 특징을 갖고 있는 사람들도 있게 마련이다.

만일 그들의 모든 여건이 갖가지 방법으로 압력을 가하고 그래서 그들이 겁쟁이가 된다거나 용기를 잃게 된다면, 우리는 이해할 수 있을 것이다. 우리는 어떤 아이든 계획적으로 실망시킴으로써 분열증적으로 행동하는 인간으로 만들 수 있을 것이다.

우리가 풍부한 경험을 갖고 있다면 여러 상황에 따른 개인의 행동을 보면서 그가 다른 사람과 협동하는 능력을 어느 정도 갖고 있는지 알 수가 있다. 사람들은 그 사실을 간과한 채 항상 직접적인 표시를 찾기 바란다.

올바른 방식을 갖지 못하게 만든 원인들

심리란 하나의 통일체이며, 외부로 표현되는 모든 행동에는 일관된 인생 방식이 작용하고 있다. 따라서 한 개인의 여러 가지 정서나 생각은 반드시 그의 인생 방식과 일치하게 된다. 개인심리학에서는 개개인이 세상이나 자기 자신에게 부여한 의미, 그들의 목표, 그들이 기울이는 노력의 방향과 인생의 모든 문제에 대처해 나가는 방법을 관찰함으로써 심리적 차이점을 이해하고 자 한다.

우리는 항상 협동의 필요성을 느끼며 살아간다. 그리고 이 혼탁한 삶 속에서 어떻게 해야 보다 좋은 방향으로 나아갈 수 있는가 하는 문제에 직면했을 때, 과학이 아닌 직감으로 선택했다는 점은 시사하는 바가 크다.

우리는 역사의 모든 위대한 개혁이 눈앞에서 이루어질 때, 사람들이 마음으로부터 이미 개혁의 필요를 인정하고 달성하기 위해 노력했다는 사실을 보게 된다. 그런데 그 노력이 본능적인 데에 머물게 되면 과오가 남고 만다.

사람들은 혼히 매우 특수한 육체적 특징을 가진 사람들이라든가 기형아들을 경멸했다. 사람들은 단순히, 이런 사람들은 협동에 그다지 적합하지 않은 사람들이라고 판단해 버렸다. 이는 커다란 잘못이다.

아마도 그들의 판단은 경험에 의거했을 것이다. 특수성으로 고민하는 사람들에게 협동의 기회를 증대시킬 수 있는 방법은 아직 발견되어 있지 않은 때였다. 그런 이유로 그들의 불리한 점이 지나치게 강조되고 대중의 편견에 의해 희생양이 되어야 했다.

그렇다면 우리의 입장을 요약해 보자. 아이가 태어나서 처음의 4~5년이 지나면 그 정신적인 노력은 통합되며, 심리와 육체와의 근본적인 관계가 세워진다. 정해진 인생 방식이 거기에 호응하는 정서 및 육체적 습성과 함께 받아들여진다. 협동 능력 또한 발달의 정도에 따라 높을 수도 낮을 수도 있다. 우리가 그 개인을 판단하고 이해하는 기준은 이 협동 능력이 어느 정도 되는가 하는 것으로부터 유추해 낼 수 있다.

모든 실패한 사람에게 공통적으로 가장 흔히 보이는 사실은 협동하는 능력의 정도가 지극히 낮다는 점이다. 우리는 이제 일보 전진한 심리학에 대한 정의를 내릴 수 있다. 즉, 협동의 부족에 대한 이해이다.

심리란 하나의 통일체이며, 외부로 표현되는 모든 행동에는 일관된 인생 방식이 작용하고 있다. 따라서 한 개인의 여러 가지 정서나 생각은 반드시 그의 인생 방식과 일치하게 된다.

만일 어떤 사람이 매우 곤란한 일을 일으켜서 자신의 행복에 역행되는 행위를 한다면 이런 정서를 변화시키려는 일부터 시작하는 것은 무익하다. 그가 보여 주는 정서는 현재 갖고 있는 인생 방식이 표현된 데 불과하기 때문이다. 그러한 행동이 근절되려면 근본적으로 그가 갖고 있는 인생의 방식을 바꿔야만 한다.

여기서 개인심리학은 우리의 교육관 및 치료에 있어서 특별한 시사점을 준다. 우리는 한 가지 증상이나 하나의 표현만을 다루지는 않는다. 우리의 마음은 경험을 해석하는 방법과 그 경험을 토대로 인생에 의미를 부여하는 일에 있어서 익숙한 방식으로 계속 오류를 범하기 쉽다. 몸이나 환경으로부터 받았던 느낌에 대해 반응하는 행위에 있어서도 마찬가지다. 우리는 올바른 삶의 방식을 갖지 못하게 만든 원인들을 발견해 내야만 한다. 이것이 심리학의 참된 과제이다.

만일 우리가 아이를 침으로 자극하여 그 아이가 얼마나 높게 뛰어오르는지를 본다거나 간지럼을 태워서 그 아이가 얼마나 크게 웃는지를 보려 한다면, 그런 일은 엄밀히 말해서 심리학이라고 부를 수 없다.

현대의 심리학자들 사이에서 매우 일반적인 방법으로 인정되고 있는 이런 방법은 실제로 한 개인의 심리에 대해 우리가 무엇인가를 알려 주는 것인지도 모른다. 그러나 그 점은 특정한 인생 방식에 대해 이야기할 때에만 해당된다. 자극과 반응을 조사하는 사람들에게, 외상이나 충격적인 경험의 영향을 알아내려는 사람들에게, 또 유전되는 능력을 조사하여 그것들이 어떻게 전개되는가를 보려는 사람들에게만 해당될 뿐이다.

그러나 개인심리학에서는 정신 자체, 다시 말해 통일된 심리를 고찰한다. 우리는 개개인이 세상이나 자기 자신에게 부여한 의미, 그들의 목표, 그들이 기울이는 노력의 방향과 인생의 모든 문제에 대처해 나가는 방법을 관찰한다. 지금까지 알아본 바와 같이 여러 가지 심리적 차이점을 이해하기 위한 가장 훌륭한 열쇠는 협동하는 능력의 정도를 세밀하게 조사함으로써 얻어질 수 있다는 사실을 인식하는 일이다.

제3장

열등감 보상과 우월감 추구

기만하려 들면 축적된다

수많은 학파의 심리학자들이 사용하고 있는 열등감이라는 용어는 과연 올바른 의미로 사용되어지고 있는가. 환자를 진정으로 염려하고 치료하고 싶어 하는 심리학자라면 단지 그 사람의 행동을 유심히 관찰하기만 하면 된다. 자기가 중요한 사람이라는 사실을 거듭 스스로에게 납득시키기 위해서 어떤 트릭을 사용하는지를 알기 위해서는 그의 행동을 보면 된다.

세계적인 심리학자들이 자주 사용하는 개인심리학의 가장 중요한 발견은 '열등감'이라고 할 수 있다. 많은 학파의 심리학자들이 이 말을 채용해 그들 자신의 분야에서 사용하고 있다. 그렇지만 나는 그들이 열등감을 이해하고 있는지 혹은 올바른 의미로 사용하고 있는지에 대해서는 전혀 확신하지 못한다.

예를 들어 어떤 환자에게 그가 열등감으로 고통을 당하고 있다고 알리는 일은 아무런 도움이 되지 않는다. 오히려 해결 방법도 찾지 못한 채 열등감만을 더욱 심하게 증폭시킬 뿐이다.

우리는 그가 자신의 삶 속에서 특별히 실망감을 느꼈던 특정 사건에 대해 주의하지 않으면 안 된다. 우리는 그가 용기를 내지 못하고 있는 바로 그 문제에 대해서 그에게 용기를 북돋워 주어야 하는 것이다.

모든 정신 질환 환자들은 열등감을 갖고 있다. 신경증 환자들 역시 모두 열등감을 갖고 있기 때문에 열등감을 갖고 있는지 아닌지 여부로 환자들을 구별할 필요는 없다.

한 환자가 다른 환자와 구별되는 것은 그가 인생을 유익하게 살아갈 수 없다고 느끼는 이유가 어떤 종류의 상황인가 하는 점이다. 또한 자기의 노력이나 활동에서 느꼈던 한계에 의해서 구별된다.

그에게 "당신은 열등감을 앓고 있다"라고 알려서 용기를 가지도록 도울 수 있다고 생각한다면 머리가 아프다는 사람에게 "당신의 문제가 무엇인지 말씀드리지요, 당신은 머리가 아픈 겁니다"라고 말함으로써 그에게 도움이 될 거라고 생각하는 것처럼 똑같이 무익한 일이다.

대부분의 신경증 환자에게 스스로를 열등하다고 느끼는지 물으면 그들은 "아니오" 라고 대답한다. 다음과 같이 말하는 사람도 있다.

"나는 내가 주위 사람보다 뛰어나다는 사실을 잘 알고 있습니다."

사실 우리는 물어볼 필요도 없다. 단지 그 사람의 행동을 유심히 관찰하기만 하면 된다. 자기 자신이 중요한 사람이라는 사실을 거듭 스스로에게 납득시키기 위해서 어떤 트릭을 사용하는지를 알기 위해서는 그의 행동을 보면 된다.

예를 들어 오만한 사람을 만나게 되면 우리는 그러한 태도를 통해 그의 마음을 추측할 수 있다. 그는 '다른 사람들은 나를 무시하는 경향이 있다. 나는 내가 대단한 사람이라는 사실을 드러내 보이지 않으면 안 된다'라고 느끼고 있는 것이다.

이야기를 할 때 제스처가 심한 사람은 '나의 말은 만약에 강조하지 않는다면 아무런 중요성도 갖지 못할 것이다'라고 느낀다고 추측할 수 있다.

자기가 타인에 대해서 우월한 듯이 행동하는 모든 사람의 배후에는 특별한 노력을 기울여서 숨겨야만 하는 열등감이 존재하고 있다. 그 노력은 마치 키가 너무 작아서 고민하는 사람이 자기를 커 보이게 하기 위해서 발끝을 세우고 걷는 일과 같다.

우리는 가끔 2명의 어린아이가 키 재기를 할 때 이러한 행동을 볼 수 있다. 자기가 작지 않을까 하고 염려하는 아이는 몸이 꼿꼿하게 경직되어 있다. 자기 키를 실제보다 커 보이게 하려고 신경 쓰기 때문이다.

우리가 그런 아이에게 "네가 너무 작다고 생각하니?" 라고 묻는다고 해서 아이가 그 사실을 인정하리라고 기대할 수는 없다. 그러므로 열등감이 강한 사람이라고 해서 반드시 순종적이고 조용하며 순한 눈을 한 비공격적인 인물인 것은 아니다.

열등감은 수많은 방법으로 자기를 표현한다. 나는 이를 동물원에 구경 간 3명의 아이들이 나타내는 각각의 반응으로 예증해 보일 수 있다.

그들 일행이 사자 우리 앞에 섰을 때 첫 번째 아이는 어머니의 치맛자락을 붙들고 "집에 가고 싶어"라고 말한다. 두 번째 아이는 그곳에 선 채로 얼굴이 창백해지고 벌벌 떨면서 "나는 조금도 무섭지 않아" 라고 말한다. 세 번째 아이는 물끄러미 사자를 노려보며 "침을 뱉어 줄까?" 하고 어머니에게 말한다.

여기서 우리는 사실 세 아이 모두가 열등감을 갖고 있다는 사실을 알 수 있다. 그들 각자는 자신의 감정을 자기의 인생 방식과 일치하는 독특한 방법으로 표현했을 뿐이다. 열등감이란 어느 정도는 우리들 모두에게 공통적으로 존재하는 감정이다. 우리 모두는 항상 좀 더 나아지고 싶다는 바람을 갖고 있기 때문이다.

만약 우리가 용기를 갖고 있다면 우리는 이런 감정을 단 하나의 직접적이고 현실적이며 만족스러운 수단에 의해서, 즉 상황을 개선함으로써 제거하려 할 것이다. 어떠한 인간도 오랫동안 계속해서 열등감을 갖고 있을 수는 없다.

뭔가 활동을 압박해 오는 긴장 속에 내던져져 있는 인간은 결국에는 자기의 열등감을 견뎌내지 못하고 그런 감정을 제거하려 든다.

그의 목표는 역시 '역경에 질 수 없다'는 것이지만, 장애물을 극복하는 대신에 자기최면이나 자아도취에 의해 뛰어난 사람으로 느끼려고 한다. 그가 시도하는 방법은 자신을 조금도 발전시키지 못하는 것들이다.

그러는 동안 그의 열등감은 축적된다. 왜냐하면 열등감을 자아내는 상황은 변함없이 남겨져 있기 때문이다. 열등감의 원인은 여전히 그 자리에 그대로 존재하고 있다. 한 발자국 움직일 때마다 그는 점점 깊게 기만 속으로 빠져들고 그의 모든 문제는 더욱 무겁게 압박해 온다.

우리가 그의 움직임에 아무런 의미를 두지 않고 바라본다면 그의 움직임에는 아무 목적도 없다고 생각이 된다. 그러한 움직임이 상황을 개선하기 위해서 계획됐다는 인상을 주지 않기 때문이다.

만약에 자기를 약한 사람이라고 깨닫는다면 그는 자기가 강하게 느껴질 수 있는 상황 속으로 옮겨 간다. 그리고 보다 강해지기 위해 충실한 사람이 되려고 노력하기보다는, 자기 자신의 눈에 한층 더 강하게 보일 수 있게끔 행동하는 데 그친다.

자신을 기만하려는 이러한 노력은 부분적인 성공밖에 거둘 수가 없다. 만약 그가 직업에 관한 모든 문제를 이겨낼 수 없다고 느낀다면 그는 가정에서 폭군이 됨으로써 자신의 중요성을 재차 납득시키려 할지도 모른다.

이러한 방법으로 그는 스스로에게 마취를 걸 수도 있지만 열등감은 고스란히 남겨져 있다. 앞의 경우와 같은 상황으로 인한 열등감은 그의 마음 밑바닥에 영속적인 흐름으로 남는다. 그때에야 우리는 진실로 열등감에 대해 이야기할 수 있다.

자신을 개선하려는 모든 노력의 결과

열등감에 빠진 사람은 자기의 활동 범위를 한정하려고 함으로써 성공을 향해 전진하기보다는 패배를 피하는 일에 몰두한다. 그런 사람들에게서는 결국 표면으로 드러나는 열등감이 발견되기 때문에 그들은 곧 자기의 약점을 인식하고 스스로를 돌볼 수 없다는 사실을 인정하게 된다. 그들이 자신의 약점을 숨기려 하는 이유는 어떠한 대가를 치르더라도 남들보다 우위에 서고 싶다는 목표 때문이다.

열등감이란 개인이 어떤 일에 대해 잘 적응하지 못하거나 혹은 준비되어 있지 않아서 그 일을 해결할 수 없다는 자기의 확신을 언행으로 표현하는 경우에 나타난다. 이 정의로부터 우리는 눈물이나 변명과 마찬가지로, 노여움 또한 열등감의 표현일 수 있다는 사실을 이해하게 된다.

열등감은 늘 긴장을 자아내는 감정이기 때문에 우월감을 향해서 나아가는 보조적 운동이라고 할 수 있다. 그렇다고 해서 우월감을 얻는 것으로 문제를 해결하려는 방법은 올바른 방향이 아니다. 우월만을 추구하게 되면 인생의 무익한 측면으로 향하여 정말 중요한 문제는 배제되어 버리기 때문이다.

당사자는 자기의 활동 범위를 한정하려고 함으로써 성공을 향해 전진하기보다는 패배를 피하는 일에 몰두한다. 난관에 부딪치게 되면 망설이면서 꼼짝도 하지 않거나 뒷걸음질 치는 모습마저도 보이게 된다.

그런 태도는 광장공포증인 경우에 매우 간단하게 나타난다. 이 증후는 '나는 앞으로 나아가야 하는 건 아니야. 나는 눈에 익은 상황에만 관련되어 있어야 해. 인생은 위험으로 꽉 차 있으니까. 그런 위험을 만날 기회를 피해야만 해'라는 확신의 표현이다. 이 신경증적인 태도가 끊임없이 유지된다면 그 사람은 방 안에 틀어박혀 있거나 침대에 웅크리고 앉은 채로 시간을 보내고 만다.

위험으로부터 몸을 사리는 행동 중에서 가장 철저한 표현은 자살이다. 자살하는 사람은 자신이 직면한 인생의 모든 문제를 포기하고, 자기의 상황을 개선하기 위해서 어떠한 행동도 할 수 없다는 확신을 표현하고 있는 것이다.

사람이 흔히 자살로써 우월감을 얻으려 한다는 말은 자살에 항상 비난이나 복수의 감정이 포함되어 있다는 사실을 깨달을 때 이해할 수 있다. 우리는 자살하는 사람들 대부분이 자신의 죽음에 대한 책임을 누군가에게 전가시키려 한다는 사실을 발견하게 된다.

자살은 마치 다음과 같이 말하는 것과 같다.

"나는 모든 사람들 속에서 가장 우울하며 상처받기 쉬운 사람이었다. 그 때문에 당신은 나를 너무도 심할 정도로 잔혹하게 취급했다."

신경증 환자는 모두 어느 정도 혹은 매우 상당한 정도까지 자기의 활동 영역이나 상황 전체에 대한 접촉을 한정해 버린다. 그는 육박해 오는 인생의 세 가지 문제에 대해서 거리를 둔 채로 자기가 지배할 수 있다고 느끼는 상황 안에서 스스로를 폐쇄시켜 버린다.

그는 자기만을 위한 좁은 집을 짓고 문을 잠가 버리며, 바람도 햇살도 신선한 공기도 들어오지 못하게 한 채 인생을 살아간다. 그가 상대를 협박으로 지배하려 할지 울음소리로 지배하려 할지는 훈련의 결과로 선택된다. 자기가 가장 잘 시험해 본 것, 자기의 목적에 가장 효과적이라고 생각한 방법을 택하게 된다.

때때로 그가 한 가지 방법에 불만을 느껴 다른 방법을 시도할 수도 있다. 그러나 어느 경우든 목표는 같다. 상황을 개선하기 위한 노력을 하는 일이 아니라 우월감만을 획득하려는 것이다.

울음으로써 상황을 지배할 수 있다고 생각하는 의지력 없는 아이는 울보가 된다. 이 아이가 그대로 성인이 되면 우울증 환자가 된다. 눈물과 불평은 협동을 혼란스럽게 하고, 타인을 노예 상태로 몰아넣기 위한 지극히 유효한 무기가 될 수 있다.

그런 사람들에게서는 부끄러움, 죄책감, 창피함 등으로 고통당하고 있는 사람들과 마찬가지로 표면으로 드러나는 열등감이 발견된다. 결국 그들은 곧 자기의 약점을 인식하고 스스로를 돌볼 수 없다는 사실을 인정하게 된다.

그들이 자신의 약점을 다른 사람에게 보이지 않으려고 숨기는 이유는 남들보다 우위에 서고 싶다는 목표 때문이다. 어떠한 대가를 치르더라도 제일인자가 되고 싶은 바람을 갖고 있는 것이다.

다른 한편으로 허풍을 떨고 싶어 하는 아이는 자기의 우월감을 한눈에 알아볼 수 있도록 나타낸다. 그런데 우리가 말이 아닌 행동을 조사해 보면, 그 아이가 스스로 인정하지 않는 열등감을 가졌음을 이내 발견하고 만다.

이른바 오이디푸스 콤플렉스는 실제로는 신경증 환자의 '좁은 집'의 특별한 예에 불과하다. 만약 어떤 사람이 세상을 살아가면서 사랑의 문제에 직면할까 봐 두려워하고 있다면, 그는 이 문제로부터 달아나기가 힘들 것이다.

만일 그가 자기의 행동 영역을 가족이라는 테두리 속에 한정한다면 그의 성적인 노력도 이런 한계 내에서 이루어진다는 사실이 그리 놀랄 일은 아니다. 그는 불안감으로 인해서 오직 자기가 가장 잘 알고 있는 사람들에게만 관심을 기울인다. 가까운 사람들을 지배할 수 있었던 익숙한 방식이 다른 사람들에게는 받아들여지지 않으리라고 두려워하기 때문이다.

오이디푸스 콤플렉스의 희생자는 대개 어머니에 의해 응석받이로 자란 아이들인데, 그들은 자기의 소원이 반드시 성취될 권리를 갖고 있다고 믿도록 훈련되어 왔다. 또 가정의 범위 바깥에서는 스스로 노력을 해야 남들의 호의나 애정을 얻을 수 있다는 사실을 이해해 본 경험도 없다.

그들은 성인이 된 후에도 어머니의 치맛자락에 싸여 있는 상태이다. 사랑의 대상에 있어서도 그들은 동등한 파트너가 아닌 '하녀'를 구한다. 그 대상은 물론 그들의 어머니인 셈이다.

모든 아이들은 어느 정도 오이디푸스 콤플렉스를 갖고 있다. 어머니가 아이의 응석을 받아 주고 그 아이가 자기의 관심을 오로지 어머니에게만 쏟고 있으면 그렇게 된다. 또한 아버지가 비교적 무관심하거나 냉담하다면 이런 오이디푸스 콤플렉스는 자연적으로 생기게 된다. 이러한 한정된 행동을 하는 모습은 모든 신경증 증세에서 찾아볼 수 있다.

말을 더듬거리는 사람이 이야기할 때에는 대개 주저하는 모습을 보인다. 그에게도 사회 감정이 남겨져 있기 때문에 동료들과 관계를 맺도록 강요되지만, 다른 사람들이 자기를 낮게 평가하며 시험당하지는 않을까 하는 두려움 때문에 다른 사회 감정과 싸우게 되고, 결국 이야기를 할 때마다 주저하게 되는 것이다.

학교에서 소외되는 아이들, 30세 정도까지 직업을 갖지 못한 사람들, 결혼 문제로 고민해 온 사람들, 같은 행위를 반복하지 않으면 안 되는 강박신경증 환자들, 낮에 하는 일에 진절머리를 내는 불면증 환자들은 모두 열등감을 갖고 있다.

열등감은 그들이 자신들의 인생 문제를 해결하기 위해 전진하는 일을 금지해 버린다. 자위, 조루, 성적 불능, 성도착 등의 증세들은 모두 '망설임'이라는 인생의 태도를 나타내고 있다. 이성에게 다가가려 할 때 자기는 불완전한 사람이라는 두려움을 갖고 있기 때문이다.

만약 우리가 "왜 그렇게 불완전한 것을 두려워하는가?" 하고 묻는다면 우월감이라는 목표가 곧 떠오른다. 가능한 유일한 대답은 그 사람이 자기 자신에게 너무나 높은 목표를 설정했기 때문이라는 것이다. 열등감이란 그 자체로서는 이상한 감정이 아니라는 사실은 이미 설명했다.

열등감은 인류가 자기 자신을 개선하려 하는 모든 노력의 결과이다. 예컨대 과학도 사람들이 자기의 무지를 깨닫고 미래를 예견할 필요성을 느낄 때에만 일어날 수 있다. 또한 열등감은 인류가 자기의 생활을 개선하여 우주에 대해 보다 많이 알고 우주를 보다 잘 통제하기 위한 여러 노력의 결과이다. 사실 나의 견해로는 우리 인간의 모든 문화는 열등감에 기반을 두고 있다고까지 생각된다.

우월 목표를 달성하려는 원망願望

오늘날에 이르기까지 치료는 증후 그 자체를 공격하는 일이었다. 이런 태도에 대해 개인심리학은, 의학의 영역은 물론 교육의 영역에서도 완전히 반대되는 입장을 취한다. 아이의 수학 능력이 모자란다거나 그 밖에 성적이 나쁜 경우 등에, 주의를 오로지 그러한 특징 자체에 집중하여 그 상대를 향상시키려 한다면 전혀 무익한 일이다. 아이는 자기 선생님에게 걸림돌이 되기를 바라고 있을 것이기 때문이다.

어떤 사람을 향해서 우리는 "당신이 만일 우월해지고자 한다면 이런저런 노력을 하면 이룰 수 있다"라는 식으로 말할 수 없다. 우월을 위한 노력은 자연스럽게 계속되는 것이다.

자기의 목표를 위한 구체적인 표현에 대해서 '이 일이 안 된다면 다른 어떤 일도 안 될 거야'라고 느끼는 사람은 신경증 환자뿐이다. 건강하고 정상적인 사람은 자신의 노력이 어떤 특정한 방향에서 방해되고 있다고 느끼면 빠른 시간 내에 새로운 돌파구를 발견해 내게 마련이다.

우리는 무엇이든 특정한 우월감을 추구하는 노력을 안이하게 공식화하려는 것이 아니다. 하지만 다양한 목표들 가운데 하나의 공통 인자인 신과 같이 되려는 노력을 발견할 수는 있다. 때로 우리는 이런 방식으로 자기를 지극히 노골적으로 표현하여 "신이 되고 싶다"라고 말하는 아이를 보기도 한다.

많은 철학자들도 그와 똑같은 생각을 갖고 있었다. 그리하여 아이들을 신과 같이 되도록 만들기 위해 훈련시키려는 교육자도 있었다. 옛날에 행해지던 종교적인 수련에서도 이와 같은 목표를 뚜렷이 볼 수 있다. 제자들은 신처럼 되기 위해서 자기 수련을 해야만 했다.

신과 같이 된다는 이 이상은 '초월자'라는 생각에 있어서 더욱 조심스러운 방법으로 나타난다. 니체가 신경증적이 되었을 때 스트린드베리의 편지 속에서 자기 자신을 '십자가에 매달린 사람'이라고 한 표현에서 사태의 본질을 완연히 드러내고 있다.

신경증적인 사람들은 자주 그들의 우월 목표를 확실하게 나타낸다. 그들은 "나는 나폴레옹이다"라든가 "나는 중국의 황제다"라고 주장한다. 그들은 전 세계의 주목을 한 몸에 받고 싶어 하고, 만인에게 우러러보이고 싶어 하며, 전 세계와 무선으로 연락하여 모든 대화를 도청하고 싶어 한다. 또 그들은 미래를 예고하기도 하며, 초자연적인 힘의 소유자라고 주장하기도 한다. 신처럼 되고 싶다는 목표는 - 아마도 보다 합리적인 방법으로써 - 모든 일을 알고 우주적인 지혜를 소유하고 싶은 원망 혹은 생명을 영원히 갖고 싶다는 소원 속에 나타난다.

지상의 생명을 영원한 것으로 하고 싶다는 생각, 삶이 윤회한다는 상상, 내세에서의 불사를 예견하는 등의 기대들은 모두 신처럼 되고 싶다는 바람에 기반을 두고 있다.

종교적인 가르침에 있어서는 불멸의 존재, 즉 모든 시간을 초월하여 영원히 살아남는 존재는 신이다. 나는 지금 이런 생각이 옳은지 그른지에 대해 논하고 있는 것이 아니다. 그런 의견은 인생의 몇 가지 해석과 의미 중의 하나일 뿐이다.

우리는 모두 어느 정도까지는 신과 같이 되고 싶다는 의미에 관련되어 있다. 무신론자들조차도 신을 정복하려 하며 신보다 높은 존재이기를 원한다. 우리는 이 욕망이 독특하게 강한 우월 목표라는 것을 알 수 있다. 우월 목표가 한번 구체적이 되면, 인생 방식에 있어서 잘못이라고 생각되는 일이 없어진다. 개인의 습관이나 모든 징후는 그의 구체적인 목표를 달성하기 위해서는 지극히 올바를 뿐이며, 그것들은 모든 비판을 초월한다.

모든 문제아와 신경증 환자, 알코올중독자, 범죄자, 성도착자는 자기가 우월한 입장이라고 생각되는 것을 달성하기 위해 거기에 적합한 행동을 한다. 그의 모든 징후 자체를 공격하는 일은 불가능하다. 그 징후는 마치 목표를 위해 반드시 필요한 듯이 보인다.

어떤 학급에서 가장 열등생인 소년이 선생님으로부터 "왜 네 성적은 이렇게 형편없는 거지?"라는 질문을 받자 이렇게 대답했다.

"제가 반에서 가장 게으르다면 선생님은 항상 제 일로 힘에 겨우실 거예요. 하지만 반에서 문제를 일으키지 않고 공부도 잘하는 아이들에게는 전혀 주의를 안 기울이세요."

자기에게 주의를 끌게 하여 선생님을 지배하려는 게 그의 목표였기 때문에, 그에 관한 한 소년은 가장 좋은 방법을 발견했던 것이다. 이런 상태에서는 그의 게으름을 없애 버리려고 해도 소용이 없다.

그는 자기의 목표를 위해 그런 일을 필요로 하고 있다. 그의 입장에서 만 보자면 그러한 행동은 완전히 옳다. 만약 그가 자기의 행동을 변화시 킨다면 그가 자신의 행동이 바보 같았다는 생각을 하게 되었을 때이다.

집안에서는 너무도 순종적이어서 바보처럼 보이기까지 하는 소년이 있었다. 그는 집에서는 전혀 활기가 없었으며 학교에서도 소외되어 있 었다. 반면 두 살 위인 형은 인생 방식에 있어서 그와 완전히 달랐다. 형 은 머리가 좋고 활동적이었으며 간혹 뻔뻔스러운 행동으로 인해 문제 를 일으키기도 했다.

어느 날 동생이 형에 대해서 다음과 같이 말했다.

"형처럼 뻔뻔스러워지기보다는 나처럼 바보스러운 편이 좋아요."

만약 그의 목표가 분쟁을 피하는 것이라면 그의 바보스러움은 실제 로는 매우 지성적인 행동이다. 그가 바보처럼 보였기 때문에 그에게 뭔 가가 요구되는 일은 거의 없었으며 잘못을 저질러도 그 일로 비난받지 않았기 때문이다. 그의 목표에서 본다면 바보가 아닌 게 바로 바보였다.

오늘날에 이르기까지 치료는 증후 그 자체를 공격하는 것이었다. 이 런 태도에 대해 개인심리학은, 의학의 영역은 물론 교육의 영역에서도 완전히 반대되는 입장을 취한다.

아이의 수학 능력이 모자란다거나 그 밖에 성적이 나쁜 경우 등에는 주의를 오로지 그러한 특징 자체에 집중하여 그 상대를 향상시키려고 해서는 전혀 무익한 일이다.

아마 그는 자기 선생님에게 걸림돌이 되기를 바라고 있을 것이다. 어쩌면 퇴학을 당함으로써 아예 학교라는 곳으로부터 도망쳐 나오고 싶어 할지도 모른다. 우리가 그를 한쪽 측면에서만 논해 본다면 그는 자기의 목표를 달성하기 위한 새로운 방법을 찾아냈다고 할 수 있다. 이는 마치 성인인 신경증 환자의 경우와 같다.

가령 편두통으로 괴로워하는 사람이 있다고 하자. 이러한 두통은 그에게 많은 도움이 되며 언제든 그가 필요로 할 때마다 두통 증세가 일어난다. 두통 덕분에 사회의 모든 문제를 해결하지 않고 도피할 수 있기 때문이다. 그런 두통은 언제나 그가 처음으로 사람과 만난다거나 새로운 결단을 내리지 않으면 안 되는 경우에 일어난다. 동시에 그런 두통은 그의 사무실 직원 혹은 아내와 가족을 지배하는 데 도움을 준다.

어떻게 그가 인생의 시험을 치러내는 이토록 훌륭한 방법을 멈추리라고 기대할 수 있겠는가. 자기가 생각하기에 매우 의미 있는 이 고통은 현명한 투자임에 틀림없다. 그 증상은 그에게 자기가 원하는 모든 이익을 가져다 주었다.

그에게 충격적인 설명으로 위협함으로써 그를 이런 증후에서 빼내려 하는 일도 가능하다. 그 일은 마치 전쟁신경증 환자를 가끔씩 전기충격이나 외관 수술로 위협해서 증후를 없애려는 방법과 같은 맥락이다. 의학적인 처치로 그의 두통을 멈추게 할 수도 있다. 그래서 그 자신이 선택한 두통이라는 특정 증후를 고집하기가 힘들어질 수도 있다.

그러나 그의 목표에 변함이 없는 한 그가 두통이라는 증세를 버린다고 해도 그 대신에 또 다른 증후를 찾아낼 것임에 틀림없다. 편두통이 낫는다고 해도 불면증이라든가 뭔가 새로운 증후를 습관적으로 갖게될 것이다. 그의 목표가 변하지 않고 그대로 있는 한 그러한 증후를 계속 추구해 나가게 되어 있다.

놀랄 정도로 빨리 자신의 증후를 포기하고 일순간의 망설임도 없이 새로운 증후를 받아들일 수 있는 신경증 환자도 많이 있다. 그들은 끊임없이 자기들의 레퍼토리를 넓혀 가면서 신경증에 관한 도사가 된다. 이들에게 심리요법에 관한 서적을 읽게 하는 방법은 그들이 아직 시험해볼 기회가 없었던 다른 신경상의 장애를 그들에게 알려 주는 일을 할 뿐이다.

우리가 계속해서 탐구해야 하는 바는 일정한 증후를 나타나게 만들었던 목적에 대해서이며, 우월이라고 하는 일반적인 목적과의 결합에 대해서이다.

내 강의를 듣는 학생들에게 사다리를 갖고 오게 한 뒤, 내가 그 사다리를 타고 올라가 칠판의 맨 꼭대기에 버티고 앉았다고 가정해 보자. 그런 나를 보면 누구나 '아들러 박사는 완전히 돌았다'라고 생각할 것이다. 그들은 어째서 내가 사다리를 타고 거기에 올라갔는지, 왜 그런 이상한 장소에 앉아 있는지 이해할 수 없기 때문이다.

그렇지만 만약 그들이 '그는 아마 물리적으로 다른 사람보다 높은 위치에 있지 않으면 자기가 열등하다고 느껴지기 때문에 칠판 위에 앉고 싶어 하는 것이다. 그는 학생들을 눈 아래로 내려다보고 있을 때에만 안심할 수 있기 것이다'라고 받아들인다면, 그들은 나를 그 정도로 완전히 미쳤다고 생각하지는 않게 된다.

나는 구체적인 목표를 달성하기 위한 하나의 멋진 방법을 선택한 것이다. 그러면 사다리는 쉽게 납득이 가는 방법으로 생각되어지며, 그것을 타고 올라가려는 나의 노력이 잘 계획되어 훌륭하게 실행되었다고 생각할 것이다.

다만 한 가지 면에서만은 미치광이처럼 받아들여지게 될지도 모른다. 즉, 우월에 관한 해석의 문제이다. 만약 내가 나의 구체적인 목표를 선택하는 데 있어서 잘못된 사실을 납득하게 된다면 그때는 내 행동도 변화되어야 한다.

하지만 목표가 그대로인 경우 나의 사다리가 치워진다면 이번에는 의자를 갖다 놓을지도 모른다. 만약 의자도 치워진다면 나는 뛰어오르기라도 하면서 온갖 노력을 기울일 것이다.

모든 신경증 환자의 경우도 마찬가지다. 방법의 선택에 있어서는 어떤 것이라도 잘못된 것은 없다. 방법은 비판의 영역 바깥의 문제이다. 우리가 고치려는 것은 보다 근본적인 것, 그의 구체적인 목표이다.

목표가 변화되면 정신적인 습관이나 태도도 변하게 되어 있다. 결국 옛날의 습관이나 태도는 불필요하게 되고, 그의 새로운 목표에 적합한 새로운 것이 과거의 행동을 대신하게 된다.

친구를 사귀는 게 불안하고 어려워 그 때문에 힘들어 하던 30세가량의 여성이 나를 찾아온 적이 있다. 그녀는 직업 문제에서 발전할 수가 없었으며 가족에게는 무거운 짐이 된 상태였다.

그녀는 한때 비서라는 직업에 종사한 일이 있었는데, 사장이 그녀에게 사랑을 고백하면서 몹시 위협했기 때문에 사무실을 그만두지 않을 수 없었다. 그런데 새로 취직한 곳은 반대로 사장이 그녀에게 전혀 관심을 보이지 않았다. 그러자 그녀는 이번에는 매우 모욕당했다고 느끼면서 그만둬 버렸다.

그녀는 수년 동안이나 심리 치료를 받고 있었으나, 그 치료는 그녀를 사교적으로 만들지도 못했고 생활을 할 수 있는 직업을 구하도록 돕지도 못했다. 나는 그녀를 진찰하면서 그녀의 인생 방식을 알아내기 위해 꽤나 어린 시절까지 거슬러 올라가 보았다.

아이를 이해하는 능력이 없는 사람은 누구든지 어른도 이해할 수가 없다. 그녀는 막내딸로서 매우 귀여운 아이였으며 믿어지지 않을 정도의 응석받이로 자라났다. 당시 그녀의 부모는 매우 부유했기에 그녀의 소원은 말이 떨어지기가 무섭게 곧 실행되곤 했다.

그런 말을 듣고 내가 "당신은 공주처럼 자라났군요"라고 말하니 그녀는 "이상해요, 모두가 나를 공주님이라고 불렀어요" 하고 대답했다.

내가 그녀에게 가장 최초의 추억에 대해 묻자 그녀는 이렇게 대답했다. "네 살 때 집 밖에 나가서 어떤 놀이를 하고 있던 아이들을 보았던 순간을 기억해요. 그들은 뛰어다니면서 '마녀가 나왔다'고 소리를 지르곤 했어요. 나는 너무 무서워서 집으로 돌아와 함께 살고 있던 할머니에게 정말 마녀가 있느냐고 물어보았어요. 할머니는 '있고말고요, 마녀나 강도나 도둑이 있어서 그들은 모두 아가씨를 쫓아온답니다' 하고 말했어요."

이 이야기를 통해서 나는 그녀가 집에 혼자 있는 것을 두려워하게 되었음을 눈치챌 수 있었다. 그녀는 인생 방식 전체에서 두려움을 표현하고 있었다. 그녀는 자기가 집을 나올 정도로 충분히 강하지 않다는 생각을 하며, 집에 있는 사람들은 그녀를 지켜 주어야 하고 모든 면에서 그녀를 돌보아 줘야만 한다고 느끼고 있었다.

그녀에게는 다른 유아기의 기억도 있었다.

"저에게는 피아노를 가르쳐 주는 선생님이 계셨어요. 남자 선생님이었는데 어느 날 그가 나에게 키스를 하려고 하는 거예요. 저는 피아노를 치다가 멈추고 나와서 엄마에게 그 이야기를 했고, 이후로 다시는 피아노를 치고 싶지 않았어요."

여기에서 그녀가 남자와의 사이에 커다란 거리를 두도록 훈련되어 왔다는 사실도 알 수 있었다.

그녀의 성적 발달은 사랑에 대해서 자기를 보호한다는 목표와 일치했다. 그녀는 사랑하게 되는 것은 하나의 약점이라고 느끼고 있었다. 여기서 나는 실제로 대다수의 많은 사람들이 사랑에 빠지게 되면 자신이 약해진다고 느끼게 된다는 사실을 말하지 않으면 안 되었다. 그리고 그들은 어느 정도까지는 옳다.

만약 우리가 사랑을 하고 있다면 우리 자신은 매우 뛰어나지 않으면 안 된다. 타인에 대한 관심은 스스로를 불안하게 만든다. 사랑은 상호 의존의 관계인데 '나는 결코 약해지지 않으며 결코 벌거숭이가 되지는 않는다'는 우월 목표를 가진 사람들은 사랑을 피하고 싶어 한다.

그런 사람은 사랑으로부터 멀어지려 하는 태도를 보이며, 사랑에 대해 잘못된 자세를 갖고 있다. 자주 보이는 일이지만 그런 사람들은 사랑에 빠진 듯하다고 느껴지는 상황을 우습다고 치부해 버린다. 그들은 불안한 감정을 가졌다고 생각되는 사람을 조소하기도 하며, 농담을 하고 조롱하기도 한다. 이런 방법으로 그들은 자신의 약한 감정을 제거해 버리려고 한다.

이 여성 또한 사랑과 결혼을 생각했을 때 자기가 약한 사람이라고 느끼게 되었다. 그래서 그녀는 남자들이 직장에서 그녀와 가까이하려 한 순간 필요 이상으로 강렬한 인상을 받았던 것이다.

그녀는 도피하는 일 이외에 어떤 다른 방법도 발견할 수 없었다. 아직 이런 문제에 직면해 있는 동안에 그녀의 아버지와 어머니가 세상을 떠나고 말았기에 그녀의 '궁전'은 거의 황폐화되어 버리고 말았다. 친척들이 와서 그녀를 보살펴 주었지만 그녀 입장에서는 전에 비해 그다지 만족스러울 수가 없었다. 얼마간의 시간이 지나자 친척들은 그녀에게 지치게 되었고 그녀에게 주의를 쏟는 일을 그만 두기에 이르렀다.

그녀는 화를 내며 자기가 혼자 있게 된 상황이 얼마나 위험한가에 대해 반복해서 이야기했다. 이런 식으로 해서 그녀는 자기 스스로 살아가야 하는, 혼자가 되는 비극에서 면할 수 있었다. 만약 친척들이 그녀와 관련된 일을 완전히 포기했다면 그녀는 자기가 미쳐 버렸을 거라고 확신하고 있었다.

그녀가 우월 목표를 달성하는 유일한 방법은 가족을 강요해서 자신을 지탱하고 자기 인생의 모든 문제를 차질 없이 끝내도록 하는 것이었다. 그녀는 마음속에 다음과 같은 이미지를 갖고 있었다.

'나는 이 혹성에 속한 사람이 아니라 다른 혹성의 사람이다. 그곳에서 나는 공주이다. 이 빈약한 지구는 나를 이해하지 못하고 내가 중요한 사람이라는 사실도 인정하지 않는다.'

그 상태에서 한 발자국만 더 나아갔다면, 그녀는 정말 미쳐 버렸을지도 모른다. 그렇지만 그녀는 얼마간 자기 소유의 재산을 갖고 있었고 자기를 돌봐 줄 친척들을 아직 발견할 수 있었던 탓으로 최악의 단계까지는 이르지 않았던 것이다.

열등감은 부모의 영향을 받는다

아이들이 우월성을 주장하기 위해서 생각할 수 있는 유일한 방법은 문제를 일으키는 것인 경우가 많다. 아이들이 절도라든가 그 밖의 범죄를 저지를 때에는 대개 복수를 하기 위해서이다. 우월로 향하는 길을 잘못 선택한 사람들에게 우리는 어떻게 도움을 줄 수 있을까? 만약 우월감을 얻기 위해 하는 노력이 만인에게 공통되는 것이라고 인정한다면, 우리는 그들의 외로운 반항을 동정할 수 있다.

열등감과 우월감의 양쪽이 뚜렷이 인정되는 특별한 예가 있다. 나에게 열여섯 살 된 여자아이가 온 적이 있는데, 그녀는 여섯 살, 일곱 살 때부터 도둑질을 계속해 왔으며 열두 살 때 이미 남자아이들과 외박을 하곤 했다.

그녀가 두 살 때, 부모가 오랜 싸움 끝에 성격 차로 인한 이혼을 하자 그녀는 어머니와 함께 할머니 댁에서 살게 되었다. 자주 있는 일이지만 그녀의 할머니는 아이의 응석을 모두 받아 주었다. 그녀는 부모의 싸움이 가장 심했을 때 태어나서 어머니는 그녀의 출생을 환영하지 않았다.

그래서 어머니는 자기 딸을 좋아하지 않았기에 두 사람 사이에는 긴장이 계속되었다. 나는 나를 찾아온 그녀와 친근하게 이야기를 나누었다. 얼마 지나자 그녀는 이런 고백을 했다.

"전 사실 물건을 훔친다거나 남자아이들과 어울리는 걸 좋아하지 않아요. 하지만 전 엄마에게 지지 않겠다는 걸 보여 주어야만 했어요."

내가 그녀에게 "그럼 복수를 위해서 그런 행동을 하는 거니?" 하고 묻자 그녀는 "그런 셈이죠"라고 대답했다. 그녀는 자기가 어머니보다 강하다는 사실을 증명해 보이고 싶어 했다.

사실 그녀가 이러한 목표를 세운 이유는 자기가 약하다고 느끼고 있기 때문이었다. 그녀는 어머니가 자기를 싫어한다고 생각했으며, 열등감으로 고민하고 있었다. 자신의 우월성을 주장하기 위해서 그녀가 생각할 수 있던 유일한 방법은 문제를 일으키는 일이었다. 아이들이 절도라든가 그 밖의 범죄를 저지를 때에는 대개 복수를 하기 위해서이다.

이런 사례가 있다. 열다섯 살의 여자아이가 8일 동안이나 잠적했다. 그녀는 발견된 후 미성년자 재판소로 끌려가서 혼이 났다. 거기서 그녀는 자기가 어떤 남자에게 납치되어 묶인 채로 어느 방에 8일 동안 감금되어 있었다고 말했다.

아무도 그녀가 하는 말을 믿지 않았고 의사 역시 사실대로 얘기하라고 타일렀다. 의사는 그녀에게 친숙하게 이야기를 하였으나, 그녀는 의사가 자신의 이야기를 믿지 않자 몹시 화를 내며 그의 뺨을 때렸다.

그녀를 만나게 된 나는 그녀에게 어떤 사람이 되고 싶은지를 물은 다음, 나는 단지 그녀의 운명에만 관심이 있으며 그녀를 돕기 위해서 내가 무엇을 할 수 있는지에 대해서만 생각하고 있다는 인상을 주었다.

그러자 그녀는 "나는 어느 무허가 술집에 있었어요. 밖에 나왔을 때 엄마를 만났고 곧 아빠가 달려왔죠. 그래서 나는 아버지에게 들키지 않도록 나를 숨겨 달라고 부탁했어요"라고 실토했다. 그녀는 자기 아버지를 무서워하고 있었으며 그에게 반항하고 있었다. 그녀의 아버지는 자주 그녀에게 벌을 주었고, 그녀는 벌 받는 걸 두려워하고 있었기 때문에 거짓말을 할 수밖에 없었다.

이처럼 거짓말을 하는 경우에 있어서 우리는 엄격한 아버지를 조사해 보지 않으면 안 된다. 한편으로 소녀가 어머니와는 약간의 협력을 하고 있었다는 사실도 알게 되었다. 그녀는 이야기를 번복하여 어떤 사람이 그녀를 무허가 술집에 데리고 갔고 거기서 8일 동안 지냈다고 말했다.

그녀는 아버지 때문에 고백하는 걸 무서워했다. 하지만 동시에 그녀의 행동은 아버지를 앞지르고 싶다는 바람에 의해 지배되고 있었다. 그렇게 아버지에게 상처를 입힘으로써 자기가 정복자라고 느낄 수 있었던 것이다.

우월로 향하는 길을 잘못 선택한 사람들에게 우리는 어떻게 도움을 줄 수 있을까? 만약 우리가 우월감을 얻기 위해 하는 노력이 만인에게 공통되는 것이라고 인정한다면, 그 일은 그다지 어렵지만은 않다. 그때에 우리는 그들의 입장에서 볼 수 있으며 그들의 외로운 반항을 동정할 수 있다.

오로지 문제는 그들의 노력이 인생의 무익한 측면에서 행해지고 있다는 점이다. 모든 인간 생활은 바람직한 방향으로 나아가는 활동에 따라 아래에서 위로, 마이너스에서 플러스로, 패배에서 승리로 진행해 간다. 노력의 방향이 자신뿐만 아니라 다른 사람들도 함께 풍요로워지는 쪽으로 나아가는 사람, 다른 이들과 더불어 이익을 보도록 하는 사람들만이 인생의 모든 문제에 직면하여 그것을 극복할 수 있다.

만약 우리가 다른 사람들에게 올바른 방법으로 가까워진다면 우리는 그들을 설득하기 곤란한 사람이라고만 생각하지는 않게 된다.

여러 가치나 성공에 관한 인간의 모든 판단은 궁극적으로 협동에 기초를 둔다. 이는 인류 모두가 나누어 갖고 있는 위대하고 '평범한' 지혜이다. 우리가 사람들의 행위와 이상, 목표, 활동, 성격에서 요구하는 모든 것들은 결국 우리 인간 사회에서 협동하는 데 공헌할 수 있는가 하는 문제에 지나지 않는다.

사회 감정이 완전히 결여되어 있는 사람은 결코 있을 수 없다. 우리는 그들이 이 점을 알고 있다는 사실을, 그들이 자기의 인생 방식을 어떻게 해서든 정당화하려 하고 타인에게 책임을 전가하려고 고투하는 모습에서 발견하게 된다. 다만 그들은 인생의 유익한 측면에서 전진해 나가려는 용기를 잃어버렸을 뿐이다. 열등감은 그들에게 말한다. "협동하면서 이루어지는 성공이란 너에게는 맞지 않다"라고. 그들은 인생의 참된 문제로부터 도피해 버리며, 자기들의 힘을 스스로에게 재확인하고자 실체 없는 그림자와의 싸움에 매달리고 있다.

우리 인간의 분업 체제 속에는 매우 변화성이 풍부한 구체적인 목표를 위한 여지가 있다. 모든 목표들 가운데 우리는 항상 무언가 비판거리가 될 만한 것을 발견할 수 있다.

우월이란 어떤 사람에게는 수학적 지식 속에 있는 것처럼 생각되기도 하고, 다른 사람에게는 예술 속에, 또 다른 사람에게는 육체적인 힘 속에 있다고 생각되기도 한다. 소화 기능이 뒤떨어지는 사람은 자신에게 닥치는 문제를 주로 영양에 관한 문제라고 생각하기도 한다. 그러면 그 사람의 관심은 음식물로 향할 수도 있다. 왜냐하면 그는 이런 방법으로 자기의 상태를 개선할 수 있다고 생각하기 때문이다. 결과적으로 그는 요리 전문가나 영양학 교수가 될 가능성이 있다.

이런 모든 구체적인 목표에 있어서 우리는 참된 보상이라는 점과 그와 더불어 여러 가지 가능성들로부터 자기 자신의 한계를 정하기 위한 몇 가지 시도들을 볼 수도 있다. 예를 들어 우리는 철학자가 때때로 깊은 사고를 하거나 저술을 위해서 사회를 떠나 은둔하지 않으면 안 되는 상황을 이해할 수 있다. 인간의 모든 창작 활동의 배후에는 우월을 획득하기 위한 노력이 있으며 그 노력은 우리의 문화를 풍부하게 만드는 데 공헌하고 있다.

이런 일에 다소의 과오가 있다 하더라도 우월이라는 목표가 고도의 사회 감정과 연결되어 있다면 결코 커다란 문제가 되지 않는다. 우리는 다양한 종류의 우수한 사람들과의 협동을 필요로 하기 때문이다.

Alfred Adler

제4장

기억이 알려 주는 비밀

누구나 최초의 기억을 이해하지는 못한다

우리는 들은 그대로의 기억을 통해서 그들의 마음을 이해하는 법을 익히고 우리의 추측 능력을 보다 세밀하게 높여 나갈 수 있다. 물론 최초의 기억 속에서 발견할 수 있는 의미는 인격의 다른 표현들과 함께 점검되어야 한다. 그럼으로써 우리는 섣부르게 결론을 확신하기 전에, 무엇이 진실인지 알게 되고 한 가지 기억과 다른 기억을 비교하게 된다.

대개 사람들은 선뜻 자기의 최초의 기억에 대해 이야기해 준다. 그들은 그런 건 간단한 일이라고 생각하며 그 속에 숨겨져 있는 의미에는 생각이 미치지 않는다.

거의 누구나 최초의 기억을 이해하지는 못한다. 그러므로 보통 사람들은 자신들의 최초 기억을 통해서 그들 인생의 목적과 타인과의 관계, 그들의 환경에 대한 견해 등을 완전히 중립적이고 부끄러움 없이 고백할 수 있다.

최초의 기억에 있어서 또 하나 흥미로운 점은 그 기억이 매우 압축되어 있고 단순하기 때문에 집단 조사를 할 수도 있다는 사실이다. 우리는 학급 전체에 그들의 최초 기억을 써 달라고 의뢰할 수 있다. 만약 그 내용을 해석하는 방법을 알고 있다면 모든 아이들 한 명 한 명에 대해서 매우 가치 있는 이미지를 갖게 된다.

우리는 들은 그대로의 기억을 통해서 그들의 마음을 이해하는 법을 익히고 우리의 추측 능력을 보다 세밀하게 높여 나갈 수 있다. 물론 최초의 기억 속에서 발견할 수 있는 의미는 인격의 다른 표현들과 함께 점검되어야 한다.

우리는 무엇이 진실인지 알게 되고 한 가지 기억과 다른 기억을 비교하게 된다. 특히 그 개인이 협동하는 훈련을 하고 있는지, 그렇지 않으면 협동과 반대되는 훈련을 하고 있는지, 그가 용기를 갖고 있는지, 낙담하고 있는지를 알게 된다. 또한 그가 다른 사람들로부터 지지받고 보호받고 싶어 하는지, 아니면 자립적인지, 다른 사람에게 의존하려 드는지, 다른 사람으로부터 받으려고만 하는지, 베풀려고 하는지의 여부에 대해서도 알아낼 수 있다.

이제 최초의 기억 몇 가지를 사례로 제시하여 해석해 보려 한다. 나는 이런 사람들에 대해서 그들이 이야기해 주었던 내용 이외에는 아무것도 모른다. 그들이 아이인지 어른인지에 대한 정보도 없음을 밝혀 둔다.

"내 동생이 ……이기 때문에"

최초의 기억 속에서 주변 인물 가운데 어떤 사람이 등장하는가에 대해 주의를 기울이는 일이 중요하다. 자매가 나타나는 경우에는 그 사람이 언니나 동생의 영향을 받았다고 생각하고 있음에 틀림없다. 자매는 그의 발달에 어떤 그림자를 드리우고 있다.

보통 우리는 두 사람의 관계를 통해 마치 트랙에서 함께 경주를 하고 있는 듯한 경쟁 관계를 발견하게 된다. 경쟁 관계는 성장에 있어서 어려움을 주는 요인이다. 우정에 의해 협력해야 하는 시기에 경쟁 관계에 정신이 쏠려 있다면 자기의 관심을 다른 사람들에게 확대시킬 수가 없기 때문이다.

그러나 이를 결론으로까지 비약하는 일은 피하도록 하자. 어쩌면 두 사람은 좋은 친구였을지도 모르기 때문이다.

"여동생과 나는 가족 중에서 제일 어려서, 동생이 학교에 갈 수 있는 나이가 될 때까지 나도 학교에 가는 일을 기다려야만 했습니다."

이제 경쟁 관계는 명확해졌다. '내 동생은 나를 방해했다! 그녀는 나보다 어리다. 그래서 나는 그녀를 기다리도록 강요되었다. 그녀는 나의 가능성을 축소시켜 버렸다!'라는 감정을 느낀 것이다.

이 기억의 의미가 정말 그렇다면 이 소녀 혹은 소년은 다음과 같이 느끼리라고 생각된다. '누군가가 나를 제한하여 나의 자유로운 발달을 방해하는 때가 내 인생에서 최대로 위험하다'라고. 아마 이 문장을 쓴 사람은 여자일 것이다. 여동생이 학교에 갈 수 있는 나이가 될 때까지 남자아이를 기다리게 하는 경우는 거의 없었으리라고 생각된다.

"그래서 우리들은 똑같은 날 입학하게 됐습니다."

이 말은 그러한 상황 속에 있는 소녀의 입장에서 본다면 좋은 교육이라고 할 수 없다. 그녀의 나이가 많기 때문에 뒤쪽에 있지 않으면 안 된다는 인상을 받았다고 해도 어쩔 수 없다. 어쨌든 틀림없이 그녀는 그렇게 해석했다. 그녀는 사람들이 여동생을 더 귀중하게 생각하고 자기는 경시되고 있다고 느꼈다. 그녀는 이와 같이 무시되었던 일에 관해서 누군가를 비난할 것이다. 어쩌면 어머니를 비난할지도 모른다. 그녀가 아버지에게 더욱 기울어지고 아버지 마음에 들기 위해 노력했다고 해도 놀랄 일은 아니다.

"나는 정확하게 기억하고 있는데, 우리가 처음으로 학교에 갔던 날 어머니는 '그날 오후 난 몇 번이나 문까지 달려 나가서 너희들을 찾았어. 우리 아이들이 이제 돌아올 시간이 되었다고 생각했거든' 하고 말했습니다."

여기에서 그녀는 어머니에 대해 언급하고 있다. 그 내용을 보면 어머니가 지적으로 행동했다고는 묘사되어 있지 않다. 그녀가 생각하는 어머니상이 그렇다. 그 어머니는 이제나저제나 아이들이 돌아오기만을 기다렸다. 어머니는 확실히 애정이 깊었다. 소녀들은 어머니의 애정을 알고 있었다. 하지만 그와 동시에 그녀는 불안해하고 있었다.

만약 이 소녀와 대화를 나누게 된다면 그녀는 어머니가 동생 쪽을 더욱 소중히 여겼던 일을 이야기해 줄 것이다. 그런 편애는 특별하게 놀랍지는 않다. 왜냐하면 막내는 거의가 다 응석을 부리기 때문이다.

이 최초의 기억에서 우리는 언니 쪽이 동생에 의해 방해받았다고 느끼게 되었다는 결론을 내릴 수 있다. 우리는 그녀가 나이 어린 여성을 싫어하는 상황을 보아도 놀라지 않는다. 일생 동안 자기가 나이를 너무 먹었다고 느끼는 사람들이 있으며, 대부분의 질투가 강한 여성은 자기보다 젊은 여성에 대해 열등감을 갖고 있다.

"내 최초의 기억은 세 살 때 할아버지의 장례식에 관한 것입니다……."
이 글은 어떤 소녀가 쓴 내용으로 그녀는 죽음에 깊은 인상을 받았다. 그것은 무엇을 의미할까. 그녀는 죽음을 인생에 있어 가장 불안하고 위험한 요소로 보았다. 그녀는 어린 시절에 일어났던 모든 사건에서 '할아버지가 돌아가셨다'는 기억을 끄집어냈다.

아마 그녀는 할아버지를 좋아했고 할아버지는 그녀의 응석을 받아주었을 것이다. 대부분의 할아버지 할머니는 거의 언제나 자기의 손자들을 귀여워한다. 그들은 손자에게 부모만큼의 책임이 없으며, 가끔씩 아이들을 끌어들여 자기들이 아직 애정을 획득할 수 있다는 점을 보이고 싶어 한다.

우리 문화는 노인들이 자기의 가치에 쉽게 확신을 갖도록 하는 문화가 아니다. 그러므로 그들은 때때로 손쉬운 방법에 의해 확신을 얻으려 한다. 여기서 우리는 이 할아버지가 아이였던 그녀를 귀여워했다는 사실, 그녀의 기억 속에 깊게 새겨져 있는 것으로 보아 응석을 잘 받아 주었다는 사실을 알았다.

할아버지가 죽었을 때 그녀는 그 사실을 커다란 고통으로 받아들였다. 집안의 동맹자가 없어져 버린 것이다.

"나는 할아버지가 매우 조용히, 하얀 얼굴을 하고 관 속에 누워 있었던 걸 생생히 기억하고 있습니다."

세 살짜리 아이에게 죽은 사람을 보게 하는 게 좋은지 나쁜지는 확실치 않으나, 적어도 아이에게 미리 마음의 준비를 시켜두는 편이 좋다. 대부분의 아이들은 죽은 사람을 보았을 때 강력한 인상을 받았으며 그 상황이 잊히지 않는다고 이야기해 주었다. 이 소녀도 그 장면을 결코 잊을 수 없었다. 그런 아이는 죽음의 위험을 감소시키려 하거나 아니면 극복하려 들기도 한다. 그들은 죽음과 대결하기 위해서는 의사가 다른 사람들보다 잘 훈련되어 있다고 느낀다. 의사에게 그들의 최초 기억을 물으면 죽음에 관한 기억인 경우가 많다.

'미동도 하지 않고 하얀 얼굴로⋯⋯'라는 부분은 무언가 눈에 보이는 것에 대한 기억이다. 아마 이 소녀는 시각형이며 세계를 바라보는 데 관심이 있을 것이다.

"그러고 나서 묘지에 관이 내려졌을 때, 그 초라한 관 아래로부터 끌어올려진 끈을 기억합니다."

그녀는 또 자기가 보았던 것을 이야기한다. 그녀가 시각형일 거라는 추측이 확인된다.

"이 경험은 내 친척과 친구 혹은 어떤 지인이든 간에, 세상을 떠났다는 소식을 들을 때마다 몸이 전율하는 듯한 공포심을 나에게 남겨 놓았습니다."

죽음이 그녀에게 강렬한 인상을 주었다는 사실이 다시 한 번 확인된다. 내가 그녀와 이야기를 나눌 기회가 있었다면, 나는 그녀에게 어른이 되면 뭐가 되고 싶은지를 물었을 테고 그녀는 아마 의사라고 대답할 것이다. 만약 그녀가 대답을 하지 않는다거나 질문을 피한다면 내 쪽에서 의사나 간호사가 되고 싶지 않느냐고 암시를 보낼 수 있다.

그녀가 '저 세상'이라고 말할 때, 죽음의 공포에 대한 한 가지 보상을 볼 수 있다. 우리가 그녀의 기억에서 전체로 파악했던 것은 할아버지가 그녀에게 소중한 사람이었다는 사실, 그녀가 시각형이라는 사실, 그녀의 마음속에서 죽음이 커다란 역할을 해내고 있다는 사실이다.

그녀가 인생에서 끌어낸 의미는 '우리는 모두 죽을 수밖에 없다'는 사실이다. 이 사실은 의심할 나위가 없다. 그러나 누구나 이 사실에 관심을 집중시키고 있지는 않다. 우리의 주의를 끄는 것들은 이 밖에 매우 다양하기 때문이다.

"내가 세 살 때, 나의 아버지는……."

최초로 아버지에 관련된 기억이 나타날 때, 우리는 이 소녀가 어머니보다 아버지 쪽에 더 관심이 있었다고 상상할 수 있다. 아버지에 대한 관심은 언제나 발달의 제2단계이다.

아이는 처음에 어머니 쪽에 더 큰 관심을 갖는다. 왜냐하면 처음 1, 2년 동안에는 어머니와의 협동 관계가 매우 밀접하기 때문이다. 아이는 어머니를 필요로 하며 어머니에게 애착을 느낀다. 아이의 심적 노력의 대부분은 어머니와 관련되어 있다.

만약 아이가 아버지 쪽에 주의를 기울이기 시작하면 어머니는 패배한 것이다. 그 사실은 아이가 자기의 상황에 만족하고 있지 않음을 의미한다. 이는 일반적으로 두 번째 아기가 태어난 결과이다. 이 기억 속에서 동생에 대한 내용이 나타난다면 우리의 추측은 확인된다.

"아빠는 우리들을 위해서 포니를 두 마리 사 주었습니다."

아이는 한 명이 아니었다. 거기서 우리는 또 한명의 아이에 대해 듣고 싶어진다.

"아빠가 포니를 끌고 집에 데리고 왔습니다. 세 살 위의 언니가……."

우리의 해석은 고쳐지지 않으면 안 된다. 우리는 이 소녀가 맏딸이라고 생각했지만 동생이라는 사실을 알았다. 그녀의 언니는 어머니에게 주의를 기울이고 있었을 것이다. 그래서 이 소녀는 아버지와 두 마리의 포니 선물에 대해 기억했던 것이다.

"언니는 줄을 쥐고 자기의 포니를 데리고 자랑스럽게 거리로 나갔습니다."

여기에서는 언니의 승리가 이야기되고 있다.

"나의 포니는 급히 언니 뒤를 쫓아 달려갔는데, 언니가 선두에 서 있었기 때문에 따라잡을 수가 없었습니다. 그래서 흙탕물만 뒤집어쓰고 말았죠. 무척 멋진 경험이 될 거라고 기대했었는데 그만 처참한 결말을 맞은 셈입니다."

언니가 정복을 하고 점수를 얻었다. 이 소녀가 하고 싶은 말은 틀림없이 다음과 같은 내용이다.

'정신을 똑바로 차리지 않으면 언니가 항상 이긴다. 나는 언제나 지고 있다. 항상 진흙탕 속이다. 안전하고 유일한 방법은 바로 일등이 되는 길뿐이다.'

우리는 또 어머니를 둘러싼 싸움에서도 언니 쪽이 승리했다는 사실과 그런 이유 때문에 동생이 아버지 쪽에 주의를 기울이기 시작했다는 사실도 이해하게 된다.

"나중에 내가 기수가 되어 언니보다 뛰어난 사람이 됐지만 처음의 낙담했던 기분에는 조금도 위안이 되지 않았습니다."

우리가 추측했던 바가 모두 확인되었다. 자매 사이에 어떤 경쟁이 있었다. 동생은 '나는 언제나 지고 있다. 나는 선두로 나서야만 한다. 다른 사람들을 추월하지 않으면 안 된다'라고 느끼고 있었다. 이것이 바로 내가 묘사해 보이고 싶었던 유형이다. 그런 감정은 둘째나 막내들에게서 매우 자주 보이는 형태이다. 그들에게는 항상 자기 앞에서 달리는 사람이 있으며, 그들은 언제나 이 페이스메이커를 추월하려고 한다.

이 소녀의 기억은 그녀의 태도로 인해 강화되었다. 그녀는 스스로에게 '누군가 내 앞에 있다면 나는 위험에 빠진 것이다. 나는 언제나 첫 번째가 되지 않으면 안 된다'라고 이야기하고 있다.

"내 최초의 기억은 큰언니가 나를 파티에 데리고 갔던 일입니다……."
이 소녀는 자기가 사교계의 한 멤버였다고 기억하고 있다. 이 기억 속에서 다른 사람들의 경우에 비해 강한 협동성을 발견하게 된다.

열여덟 살인 그녀의 언니는 그녀에게 어머니 역할을 하고 있었다. 언니는 그녀를 귀여워해 준 가족 중의 한 사람이었다. 그 언니는 타인들에 대한 동생의 관심을 매우 지적인 방법으로 넓혀 간 것처럼 생각된다.

"우리 집은 4남매인데 내가 태어날 때까지 여자라고는 언니 하나뿐이었습니다. 그래서 내가 태어나자 언니는 남들 앞에서 나를 자랑하곤 했습니다."

이 말은 그다지 좋게 들리지 않는다. 아이가 자랑거리로 내보여질 때 그 아이는 다른 사람을 위해 공헌하기보다는 자기가 칭찬을 받는 일에만 관심을 갖게 될지도 모르기 때문이다.

"언니는 내가 아직 어렸을 때 나를 잘 데리고 다녔습니다. 파티에 갔을 때의 일에 있어서는 한 가지 기억밖에는 나지 않습니다. 나는 끊임없이 '이 부인께 네 이름을 말씀드려라'라든가 아니면 다른 어떤 말들을 하도록 재촉받았습니다."

이는 잘못된 교육 방법이다. 그로 인해 이 소녀가 말을 더듬는다거나 언어장애가 왔다 해도 놀랄 일은 아니다. 아이가 말을 더듬는 것은 대개 그 아이의 언어에 지나치게 강한 관심이 쏠린 경우이다. 다른 사람과 자연스럽게 대화를 하는 대신에 그 아이는 자기를 의식하고 칭찬받도록 교육되었던 것이다.

"종종 내가 아무것도 말하려고 하지 않았기 때문에 집에 도착하면 꼭 언니에게 혼이 나곤 했습니다. 그 때문에 밖에 나가서 사람들 만나기를 싫어하게 되었던 일도 기억하고 있습니다."

여기에서 우리의 해석은 전면적으로 시정되지 않으면 안 된다. 이제야 우리는 그녀의 맨 처음 기억의 배후에 있는 의미가 다음과 같다는 사실을 알게 되었다.

'나는 다른 사람들과 접촉하도록 강요당했습니다. 나는 그 일을 불쾌하게 생각했습니다. 그런 경험 때문에 나는 협동이라는 걸 계속 싫어하게 되었던 겁니다.'

우리는 그녀가 지금도 다른 사람과 만나는 일을 좋아하지 않으리라는 예측을 할 수 있다. 사람들을 만나면 그녀는 자기가 훌륭하게 보여야만 한다는 강박을 느낀다. 이러한 요구는 그녀에게 너무 무거운 짐으로 느껴진다. 따라서 그녀가 가능한 한 사람들과 멀리하고 싶어 한다고 예측할 수 있다. 그녀는 친구들과 함께 있을 때의 편안한 기분이라든가 평등해야 한다는 감정으로부터 멀어지는 훈련을 받았기 때문이다.

"내가 어렸을 때 큰 사건이 하나 일어났습니다. 네 살 때쯤 증조할머니 댁에 간 적이 있는데……."

할머니가 대개 손자를 귀여워해 준다는 사실은 이미 잘 알려져 있다. 그런데 그때까지 이 소녀는 증조할머니가 어떤 식으로 자신을 대해 주는지를 경험한 일이 없었다.

"증조할머니를 방문한 동안에 4대가 모여 가족사진을 찍었습니다."

이 소녀는 가계(家系)에 비상한 관심을 갖고 있다. 그녀가 증조할머니를 방문했던 일과 그때 찍었던 사진에 대해 그토록 강하게 기억하는 것을 보면, 자신의 가족에 대한 관심이 매우 컸음을 알 수 있다. 만약 이 결론이 맞다면 그녀의 협동 능력은 자기 가족의 테두리를 넘어서지 않으리라는 걸 알게 된다.

"우리가 차를 타고 사진관에 도착한 다음 하얀 자수가 놓여 있는 옷으로 갈아입었던 일을 뚜렷하게 기억합니다."

이 소녀도 아마 시각형인 것으로 보인다.

"4대가 함께 사진을 찍기 전에 내 동생과 내가 먼저 사진을 찍었습니다."

여기에서도 가족에 대한 관심이 나타난다. 아마 그녀는 동생과의 관계에 대해 더 이야기를 할 것이다.

"동생은 내 옆 의자의 팔걸이 위에 앉혀졌는데, 빨간 왕관을 갖고 있었습니다."

여기서도 그녀는 시각적인 부분을 기억하고 있다.

"나는 그 의자 옆에 서게 되었고 아무것도 들고 있지 않았습니다."

이제야 비로소 주요 쟁점을 발견하게 되었다. 그녀는 자기보다 동생이 더 귀중하게 보살펴졌다고 이야기하는 것이다. 그녀는 동생이 태어나자 그동안 막내로서 귀여움을 독차지했던 입장이 달라져서 몹시 불쾌감을 느꼈다고 추측할 수 있다.

"우리들은 웃어야 했습니다……."

그녀가 여기서 말하고 싶었던 바는 '그들은 우리를 웃기려고 했다. 하지만 왜 내가 웃어야만 한단 말인가? 그들은 동생을 왕좌에 앉히고 동생에게는 빨간색 왕관까지 주었다. 그런데 나에게는 도대체 무엇을 주었단 말인가!' 하는 사실이다.

"그런 뒤 4대가 함께 사진을 찍게 되었습니다. 나 이외의 모든 사람이 서로 잘 나오게 하려고 애를 썼죠. 하지만 나는 별로 웃을 기분이 아니었습니다."

가족들이 그녀에게 아주 잘 대해 주지 않았기 때문에 그녀는 공격적이 되었다. 이 최초의 기억을 통해서 그녀는 가족들이 자기를 어떻게 취급했는지에 대해 우리에게 알려 주는 일을 잊지 않았다.

"동생은 웃으라고 했을 때 너무나도 예쁘게 웃었어요. 정말 귀여웠죠. 지금도 나는 사진 찍는 것을 싫어합니다."

그와 같은 기억은 대개의 사람들이 어떤 방법으로 인생과 마주치게 되는지를 통찰토록 해 준다. 우리는 하나의 인상을 채택하여 그 인상으로 자신의 모든 행동을 정당화하기 위해서 사용한다. 그런 뒤에 결론을 이끌어 내고 그 결론이 명백한 사실인 것처럼 행동한다.

사진을 찍는 시간이 그녀에게 불쾌한 경험이었다는 것은 매우 명백하다. 그녀는 지금도 사진 찍기를 싫어한다. 어떤 일을 이 정도로까지 싫어하는 사람들은 흔히 자기가 싫어할 수밖에 없는 이유를 선택한다. 자기의 경험 속에서 그 일을 정당화하는 무거운 짐을 지워 줄 무엇인가를 고르기 때문이다.

이 최초의 기억은 위 문장을 쓴 사람의 인격을 이해하는 두 가지 중요한 요소를 우리에게 제공해 준다. 첫째, 그녀는 시각형이다. 둘째, 그녀는 자기 가족에 대해 애착을 갖고 있다. 그녀의 최초 기억 속에 나타난 모든 행동은 가족의 테두리 안에 놓여 있다. 따라서 우리는 그녀가 사회생활에 적응하기 위한 훈련이 잘 되었으리라고 보기가 힘들다.

"맨 처음 기억은 아니지만 내 최초 기억 중의 하나는 아마 내가 세 살 때쯤에 일어났던 사건일 겁니다. 집안일을 돌봐 주던 한 소녀가 나와 사촌을 지하실로 데리고 가서 우리에게 사과주를 먹어 보게 했는데 정말 맛있었어요……."

사과주가 지하실에 있다는 사실을 발견하는 것은 재미있는 경험이다. 만약 이 말만 갖고 결론을 내려야 한다면 우리는 두 가지 의미를 추측해 볼 수 있다.

이 소녀는 깜짝 놀랄 만한 새로운 상황과 만나는 것을 좋아하며 인생과 대결하는 용기를 갖고 있을 수 있다는 점이다. 또 한 가지 그녀가 말하고자 하는 바는 자기보다 강한 의지를 갖고 있는 사람이 있으며, 그들은 자기를 유혹하여 방황하게 만드는 일이 가능하다는 말을 하고 싶은 걸 수도 있다. 그중 어느 쪽으로 결정하게 될지는 그녀의 나머지 기억들이 도와줄 것이다.

"이후 다시 한 번 그 맛을 보고 싶어진 사촌과 나는 우리끼리만 지하실로 내려갔습니다."

이는 용기 있는 소녀의 행동이다. 그녀는 독립적인 사람이 되고 싶다는 생각을 갖고 있다.

"잠시 뒤 우리는 발에 힘이 빠져서 사과주를 엎질러 버렸기 때문에 지하실 바닥이 흥건하게 젖었습니다."

이 대목에서 한 명의 금주가가 출현하는 모습이 보인다.

"내가 사과주나 그 밖의 술을 싫어하는 것과 이 사건이 어떤 관련이 있는지는 모르겠습니다."

여기에서도 하나의 작은 사건이 인생 방식 전체를 좌우하는 열쇠가 된다. 상식적으로 생각하면 이 사건이 그런 결론에 도달될 정도로 중대한 사건이라고는 보이지 않는다. 그러나 이 소녀는 묘하게도 그 일이 술 자체를 싫어하게 된 충분한 이유라고 받아들였다.

아마 그녀는 스스로를, 과오로부터 어떻게 교훈을 얻어내야 하는지 잘 아는 사람이라고 생각하는 듯하다. 그녀는 자기가 진실로 자립적인 사람이며 자기가 잘못됐다는 걸 느끼면 고쳐야 한다고 생각할 것이다.

이 성격은 그녀의 인생 전체의 특징을 이루고 있을 수도 있다. 그녀는 마치 '나는 잘못을 범한다. 하지만 그 일이 잘못되었다는 사실을 깨닫게 되면 곧바로 시정하겠다'라고 말하고 있는 듯하다. 그렇다면 그녀는 매우 바람직한 유형의 사람이 되기 쉽다. 활동적이고, 용기를 갖고 노력하며, 자기의 상태를 개선하고, 항상 최선을 다해 삶의 방식을 탐구하는 사람이 되는 것이다.

이런 모든 사례들은 확실히 우리의 추측 능력을 길러 준다. 그렇지만 섣부르게 결론을 확신하기 전에 반드시 그 인격의 다른 여러 가지 표현을 볼 필요가 있다. 이제 사람들의 행위 속에서 드러나는 인격의 일관성을 몇 개의 진료 사례를 통해 살펴보기로 하자.

변화하려면 강박사고에서 벗어나야 한다

불안신경증은 불안을 느끼는 특정 대상이 없는 경우, 불안이 돌연히 엄습해 오는 경우, 발작의 재발을 염려하는 세 경우로 나뉜다. 불안신경증은 특수한 방어 수단이 없고, 그렇다고 억압만으로 불안이 통제되는 것도 아니다. 이런 상태에서 벗어나려면 그를 옭매고 있는 강박관념으로부터 해방시키는 방법밖에 없다.

불안신경증으로 괴로워하던 서른다섯 살의 남자가 나를 찾아왔다. 그는 집을 떠나면 불안을 느끼는 사람이었다. 한 번은 그가 취직을 해야 하는 상황이 되었는데 사무실에 출근하기만 하면 하루 종일 울고 싶어졌다고 한다. 저녁때 집에 돌아와 어머니 곁에 있게 된 뒤에야 간신히 마음을 가라앉힐 수 있었다.

최초의 기억에 대해 그는 이렇게 말했다.

"네 살 때 집의 창가에 앉아 바깥을 내다보면서 사람들이 움직이는 모습을 보고 재미있어 하던 기억이 납니다."

그는 다른 사람들의 움직임을 보는 일이 즐거웠다. 그 자신은 단지 창가에 앉아서 그들을 바라보고 싶었을 뿐이다. 그의 상태를 변화시키려 한다면 다른 사람들과 협력할 수 없다는 신념으로부터 그를 해방시키지 않으면 안 된다.

그에게 있어 유일한 삶의 방식은 타인에 의해 유지되고 있었다. 이러한 그의 견해 자체를 변화시키지 않으면 안 된다. 그를 비난하는 일만으로는 아무것도 달성할 수 없다. 약이라든가 X — 레이에 의해 그가 확신을 갖도록 할 수는 없다.

그의 첫 번째 기억은 그의 흥미를 유발시키는 것이 무엇인지를 우리에게 알려 준다. 그의 주된 관심은 오로지 바라보는 일이다. 우리는 그가 근시로 고민했다는 사실을 발견했다. 그는 이러한 약점으로 인해 눈에 보이는 것에 대해서 보다 많은 주의를 기울였다. 그가 직업 문제에 부딪혔을 때도 그는 움직이지 않고 계속 바라만 보고 싶어 했다. 이 두 가지가 그에게 반드시 모순되는 일은 아니었다.

완치 후에 그는 이와 같은 자기의 주된 관심을 따라 직업을 선택했다. 화랑을 열었던 것이다. 이렇게 해서 그는 자기가 할 수 있는 분야에서 우리 사회의 분업에 공헌하게 되었다.

응석받이로 자란 사람의 인생 방식

응석받이가 되는 원인은 여러 가지가 있다. 과잉보호 아래 자람으로써 모든 사람의 관심과 사랑이 자기 차지인 것이 당연하다고 여기기 때문이거나, 반대로 부모가 너무 엄격하거나 혹은 방치된 채 자라 소외감을 느낌으로써 욕구불만으로 응석받이가 되는 경우도 있다. 응석을 부림으로써 관심을 받는 경험이 반복되면 성숙하지 못한 어른이 되어 어릴 때의 습관을 반복하려 든다.

히스테리성 실어증으로 고민하는 서른두 살의 남자가 치료를 받으러 왔다. 그는 속삭이는 정도 이상으로는 말을 하지 않았다. 이런 상태가 2년 동안 계속되고 있었다. 그 증상은 어느 날 그가 바나나 껍질을 밟아 미끄러져서 택시의 창문 쪽으로 쓰러졌을 때부터 시작되었다. 그는 이틀 동안 계속 토하였고 그 뒤에는 편두통으로 고생하게 되었다.

그 증상은 의심할 나위 없이 뇌진탕이었는데, 그 이유만으로는 그가 왜 말을 하지 않게 되었는지 충분히 설명되지 않았다. 그는 8주일 동안 한마디도 하지 않았다.

이 사건은 재판까지 이어졌다. 그는 사고의 책임이 온전히 택시 운전사에게 있다면서 택시 회사에 배상을 요구하고 소송을 제기했다. 그의 몸에 어딘가 이상이 생긴다면 소송에서 훨씬 유리하다는 사실을 우리는 이해할 수 있다. 그가 부정직하다고 말할 필요는 없다.

어쨌든 그는 그 사고의 충격 이후 말을 하지 못했다. 아마 그는 그 일로 인해서 말하기가 곤란하다고 생각했을 것이며, 그 증세를 변화시킬 만한 아무런 이유도 찾아내지 못했다. 커다란 소리로 이야기하도록 자극한 일도 없었다.

그 환자는 인후 전문 의사에게도 진찰을 받았지만 잘못된 곳은 아무 데도 없었다. 그에게 인생 최초의 기억을 묻자 그는 다음과 같이 이야기했다.

"나는 똑바로 눕혀진 채로 요람 속에 있었습니다. 그런데 연결된 못이 빠지는 게 보이더군요. 결국 요람이 넘어져서 심한 부상을 입었습니다."

누구나 넘어지는 걸 싫어한다. 하지만 이 사람은 넘어지는 것 자체를 지나치게 강조했다. 그는 넘어지는 위험에 생각을 집중하였고 그 일이 그의 주된 관심사였다.

"내가 쓰러졌을 때 문이 열리고 어머니가 들어왔습니다. 나는 무서웠습니다."

그는 넘어짐으로써 어머니의 주의를 끌 수 있었다. 그의 기억에는 어머니를 비난하는 부분도 있다.

"어머니는 나를 충분히 돌봐 주지 않았습니다."

마찬가지로 그에게 있어 택시 운전사나 그 택시를 소유하고 있는 회사는 비난받아야 한다. 그들 모두 다 그를 충분히 보살피지 않았기 때문이다. 이 태도가 응석받이로 자란 사람들의 인생 방식이다. 그는 타인에게 책임을 전가시키려고 한다. 그의 뇌리에 남아 있는 다른 기억도 비슷한 내용이다.

"다섯 살 때 나는 20피트 높이에서 떨어졌고 무거운 나무판이 내 머리 위로 떨어졌습니다. 5~6분간 한마디도 할 수가 없었죠."

그의 입장에서는 이야기를 못하게 되는 편이 오히려 잘된 일이었다. 그는 그런 행동 방식을 익혀 갔으며, 넘어지거나 떨어짐으로써 말하는 걸 거부했던 것이다. 우리가 볼 때는 개연성이 없어 보이지만 그는 그런 식으로 인식하였다.

그는 이렇게 경험을 쌓아 갔다. 그리하여 이제는 넘어지거나 떨어지게 되면 자동적으로 말을 하지 않는 현상이 계속되었다. 이 행동이 잘못되었다는 사실, 즉 넘어지는 일과 말을 안 하는 것 사이에는 아무런 관련도 없다는 사실을 그가 깨달아야만 치료가 가능해진다. 그렇지만 다음의 기억을 통해 그가 이 사실을 이해하기에는 너무나 어려운 상황에 있다는 것을 보여 준다.

"달려 나온 어머니는 너무나 흥분한 듯이 보였습니다."

어떤 경우에든 그가 넘어지거나 떨어지는 일은 그의 어머니에게 공포감을 주었으며, 그에게 주의를 집중하게 만들었다. 그는 귀여움을 받고 싶었고 주의를 끌고 싶어 하는 아이였다.

　우리는 그가 자기의 불행에 대해서 어떻게 보상을 받고 싶어 하는지를 이해하였다. 다른 응석받이 아이들도 이와 같은 일이 반복해서 일어나면 비슷한 결과에 도달하거나 언어장애를 일으키는 방법 이외에 다른 생각을 해낼 수도 있다. 언어장애는 바로 그 환자의 상표로서, 자기의 경험 속에서 만들어 낸 인생 방식의 일부이다.

진실과 미주하는 훈련

"비가 내린다면 당신은 그 일에 대해 무엇을 할 수 있습니까? 우산을
갖고 가든지 택시를 타겠지요. 비와 싸운다거나 비를 이기려고 하는 일
은 무익합니다. 현재 당신은 비와 싸우는 일에 시간을 허비하고 있습니
다. 당신은 그것만이 힘이라고 믿으면서 자기가 이겼다고 믿는 것 같은
데, 실제로 당신의 승리는 누구보다도 당신 자신에게 가장 해를 주고 있
습니다."

스물여섯 살의 남자가 찾아와 만족스런 직업을 구하지 못하겠다고
호소한 적이 있다. 그는 8년 전에 아버지의 권고로 중개 회사에 취직했
는데, 아무리 해도 그 일이 마음에 들지 않아서 최근에 그만두었다고
했다.

그는 다른 직업을 찾으려고 했지만 마음에 드는 직업이 잘 나타나지
않았으며, 또한 잠을 이룰 수도 없고 여러 번 자살을 생각한 적도 있다
고 말했다. 회사를 그만두었을 때 그는 집을 떠나 다른 곳에서 직업을
구했는데, 어머니가 위독하다는 편지를 받자 가족과 생활하기 위해 다

시 집으로 돌아왔다.

이 이야기에서 우리는 그가 어머니의 귀여움을 받고 있었다는 사실, 아버지는 그에게 권위를 갖고 있었다는 사실을 추측하게 된다. 우리는 지금까지 그의 인생이 다분히 아버지의 권위에 대한 대항이었음을 알 수 있다.

형제 중에서 그의 순위에 대해 알아보자. 그는 막내이자 외아들이었다. 그에게는 두 명의 누나가 있었는데, 큰누나 쪽이 언제나 그에게 보스였으며 작은 누나도 그다지 다르지 않았다. 아버지 역시 항상 그에게 잔소리를 했기에 그는 가족 전체로부터 지배되고 있다는 느낌을 강하게 받았다.

그의 아버지는 그를 농업학교에 보냈는데, 자기가 사려고 계획했던 농장에서 아들이 일하게끔 하기 위해서였다. 그는 학교에는 열심히 다녔지만 농부가 되고 싶어 하지는 않았다. 아버지에게 거부감을 갖고 있는 그가 아버지가 구해 준 중개업 회사에서 8년간이나 일을 계속했던 것은 놀랄 만했는데, 그는 가능한 한 어머니를 위해서 그 길을 따랐다고 말했다. 어머니만이 유일한 친구였다. 그는 어머니와는 아직 어느 정도 협동할 마음이 남아 있다.

어렸을 때 그는 단정하지 못한 겁쟁이였으며 어두운 곳에 혼자 있는 것을 두려워했다. 야무지지 못했던 아이를 대하면, 항상 그를 위해서 정리정돈을 해 준 사람이 누구였는지를 찾아내야만 한다. 마찬가지로 캄캄한 어둠이 무서워서 혼자 있는 것을 싫어하는 아이가 있을 때에는 그가 주의를 끌고 싶은 사람, 즉 그를 유도해 줄 사람이 있다는 사실을 잊어서는 안 된다. 이 소년의 경우 그 대상은 어머니였다.

그에게 있어서 친구를 사귀는 일은 쉽지 않았다. 그는 연애를 한 적이 없었다. 그는 연애에 흥미가 없었으며 결혼하고 싶다는 생각도 하지 않았다. 그는 부모의 결혼 생활이 불행하다고 생각했기에, 이 사실이 그가 왜 결혼을 생각하지 않았는지에 대해 이해하는 데 도움을 준다.

그의 아버지는 아들이 중개업을 계속하도록 압력을 가하고 있었다. 그는 광고업 쪽의 일을 하고 싶었지만 자신이 이런 직업을 갖는 데 필요한 비용을 가족이 마련해 주지 않을 거라고 단정 짓고 있었다.

우리는 그의 행동 목적이 모든 면에서 아버지에게 반대하는 데 쏠려 있음을 알 수 있다. 그는 중개 회사에 있는 동안 완전히 자립해서 혼자 지내고 있었음에도 광고업을 배우기 위해서 자신의 돈을 사용하는 일은 하지 않았다. 그런데 이제 와서 그 일을 아버지에 대한 새로운 요구로 생각하고 있었다. 그의 최초의 기억은 엄격한 아버지에 대한 응석받이 아이의 반항을 뚜렷이 보여 준다.

그는 자기의 아버지가 레스토랑에서 어떻게 행동했는지도 기억하고 있었다. 어렸을 때 그는 식사하는 도중에 접시를 닦기도 하고 이쪽 테이블에서 저쪽 테이블로 옮기기도 했다. 그가 접시를 만지작거리며 다니는 행동은 그의 아버지를 화나게 만들었다. 아버지는 손님들 앞에서 그를 혼냈다.

그는 어린 시절의 경험을 아버지는 자신의 적이며 그의 인생은 아버지에 대한 투쟁의 연속이라는 증거로써 사용하고 있다. 그는 아직까지 진짜로 일을 하고 싶다는 생각이 없었다. 다만 아버지에게 상처를 입힐 수 있는 일이라면 무슨 일이든 할 마음을 갖고 있을 뿐이었다.

자살에 대한 그의 생각은 간단히 설명된다. 자살이란 일종의 비난의 표현이다. 자살을 생각함으로써 그는 '모든 일에 대한 책임은 아버지에게 있다'라고 말하고 있다. 자기의 직업에 관한 불만도 아버지에 대한 것이다.

아버지가 제안하는 모든 계획을 아들은 거부한다. 그는 응석받이 어린애이며 직업적으로도 자립하지 못한다. 그는 마음속으로는 일하지 않고 놀고만 싶다.

그렇다면 아버지와의 싸움으로 인한 그의 불면증은 어떻게 설명할 것인가. 만약 그가 수면 부족이라면 다음 날 일을 하기 위한 준비가 잘 되어 있다고 할 수 없다. 아버지는 아들이 일하기를 기다리지만 그는 피곤해서 움직일 수가 없다. 물론 그는 '나는 일하기 싫으며 강제적으로 하고 싶지도 않다'라고 말할 수도 있었다. 그러나 그는 어머니에게 신경을 써야 했으며 가족의 재정 상태도 몹시 나빴다.

만약 그가 일하기를 거부한다면 가족은 그에 대한 희망을 포기하고 그를 돌보는 일도 거부할 것이다. 그에게는 어떤 구실이 필요했다. 그리하여 일부러 바라지는 않았던 불행 즉, 불면이라는 핑계거리를 찾아내었다.

처음에 그는 꿈을 전혀 꾸지 않았다고 말했지만 나중에는 자주 꿈에 대한 기억을 이야기했다. 그는 누군가가 벽을 향해 공을 던지고 있는데 그 공이 언제나 튀어 날아가 버리는 꿈을 꾸었다. 이 꿈과 그의 인생 방식과의 사이에는 어떤 관계가 있을까. 이것은 평범한 꿈처럼 보인다. 나는 그에게 좀 더 구체적으로 물었다.

"그러고 나서 어떻게 되었습니까? 공이 날아가 버렸을 때 어떤 느낌을 받았나요?"

"공이 날아가 버리면 반드시 잠이 깹니다."

이제야 그는 자신의 불면의 구조에 대해 모든 것을 열어 보였다. 그는 그 꿈을 자명종 시계로 사용한 것이다. 그는 누군가 자신을 억누르고 쫓아다니면서 자신이 하고 싶어 하지 않는 일을 억지로 시키려 한다고 생각하고 있었다.

그는 누군가가 벽에 공을 던지는 꿈을 꾸고 언제나 이쯤에서 잠을 깬다. 그 결과 이튿날에는 영락없이 피곤해진다. 피곤할 때에는 일을 할수가 없다. 아버지는 그가 일을 하도록 몹시 재촉했으므로 그는 이러한 방법을 동원해서 아버지를 물리쳤다.

만약 우리가 아버지에 대한 아들의 투쟁에만 시선을 고정시킨다면 그러한 무기를 생각해 낸 그의 머리가 매우 좋다고 생각할지도 모른다. 하지만 그의 인생 방식은 자기 자신은 물론이고 타인들에게도 그다지 만족스럽지가 않다. 우리는 그가 변화될 수 있도록 도와야만 한다.

내가 그의 꿈을 설명하라고 하자, 그는 더는 꿈을 꾸지 않지만 아직도 밤중에 잠을 깨곤 한다고 말했다. 그는 이제 계속 꿈을 꿀 용기가 없다.

왜냐하면 그 꿈의 목적이 발견될지도 모른다는 사실을 알게 되었기 때문이다. 그래도 그는 다음 날을 위해서 자신을 피로하게 만든다.

그에게 도움을 주기 위해서 우리가 할 수 있는 일이 무엇일까? 오직 가능한 방법은 그와 아버지를 화해시키는 일이다. 그의 모든 관심이 아버지를 굴복시키는 데로 향하고 있는 한 치료는 진전되지 않는다.

나는 언제나 그렇게 시작되어야만 하는 깃처럼, 이 환자의 태도 속에 합리화라는 게 있다는 사실을 인정하는 일부터 시작했다. 나는 이렇게 말했다.

"당신 아버지는 완전히 잘못되어 있는 듯합니다. 아버지가 자신의 권위를 사용해서 늘 당신을 생각대로 움직이게 하는 건 조금도 현명한 처사가 아닙니다. 어쩌면 그는 병에 걸려 있어서 치료를 할 필요가 있을지도 모릅니다. 그렇다고 당신이 무엇을 할 수 있을까요? 당신이 아버지를 변화시킬 수 있다고는 생각지 않겠지요.

비가 내린다면 당신은 그 일에 대해 무엇을 할 수 있습니까? 우산을 갖고 가든지 택시를 타겠지요. 비와 싸운다거나 비를 이기려고 하는 일은 무익합니다. 현재 당신은 비와 싸우는 일에 시간을 허비하고 있습니다. 당신은 그것만이 힘이라고 믿으면서 자기가 이겼다고 믿는 것 같은데 실제로 당신의 승리는 누구보다도 당신 자신에게 가장 해를 주고 있습니다."

나는 그에게서 드러나는 불안, 자살, 외도, 가출, 불면의 관련성을 내보여서 그가 이 모든 것으로 아버지를 벌하려 한다는 사실, 하지만 실제로는 자기 자신을 학대하고 있다는 사실을 보여 주려고 했다. 나는 그에게 다음과 같은 충고를 했다.

"오늘 밤 잠자리에 들 때, 내일 피로해지기 위해서 자주 잠에서 깨어나고 싶다고 생각하십시오. 너무 피곤하면 내일 일을 할 수 없습니다. 그러면 당신 아버지가 몹시 노여워할 거라고 생각하세요."

나는 그가 진실과 직면하게 해 주고 싶었다. 그의 첫 번째 관심은 자신의 아버지를 괴롭혀서 상처를 입히는 일이다. 이 싸움을 그치게 하지 못한다면 치료는 무익해진다. 그는 응석받이 어린애이다. 나는 그 사실을 알고 있고, 이제 그도 그 사실을 알게 되었다.

이 상태는 이른바 오이디푸스 콤플렉스와 비슷하다. 이 청년은 아버지에게 상처를 입히는 일에 마음을 빼앗기고 있으며 어머니에게 몹시 집착하고 있다. 그렇다고 그 마음이 성적인 것은 아니다. 아버지는 그를 동정적으로 대하지 않았고 그의 어머니는 아들의 응석을 받아 주었을 뿐이다.

그는 잘못된 훈련과 자신의 지위에 관한 잘못된 해석으로 괴로워했다. 그의 문제에 있어 유전은 아무런 역할도 하고 있지 않다. 예컨대 그는 부족의 족장을 죽여서 먹어 버린 야만인으로부터의 그 본능을 이어받은 게 아니다. 그의 문제는 자신의 경험 속에서 창출되었던 것이다.

이러한 태도는 어떤 아이에게서나 새롭게 유발될 수 있다. 그의 어머니가 했던 것처럼 모든 어머니가 아이의 응석을 받아 주기만 한다면, 그리고 그의 아버지가 그랬듯이 아버지들이 무턱대고 화를 내기만 한다면 상황이 어긋나기에는 충분하다.

　만약 한 아이가 아버지에게 반항하여 자기 앞에 놓인 문제를 해결하기 위해 자립적으로 노력하는 데 실패한다면, 우리는 그가 앞서와 같은 인생 방식을 받아들이기가 아주 용이해진다는 사실을 이해하게 될 것이다.

Alfred Adler

제5장

꿈의 이해와 사용법

사람이 꿈을 통해 기대하는 것

꿈에 의해 주어지는 어떤 해석도, 상황 전체를 상식적으로 바라보고 사고함으로써 얻는 해결보다 나은 바가 없다고 생각한다. 실제로 꿈을 꾸는 일에 있어서 어떤 사람은 자신의 모든 문제를 수면 속에서 해결하기를 바라고 있다고 해도 과언이 아니다. 꿈은 모든 문제에 대해 안이한 해결책을 얻으려는 노력이며 그 개인이 용기를 내야 할 일에 있어서 실패했다는 점을 명확하게 보여 준다.

사람은 누구나 꿈을 꾼다. 많은 사람들이 자기가 꾼 꿈에 깊은 의미가 담겨 있다고 믿지만 자기가 꾼 꿈을 이해하는 사람은 극히 드물다. 그들은 꿈이 기묘하며 중요하다고 느끼지만, 여전히 인간은 꿈을 꿀 때 자기가 무엇을 하고 있는지, 도대체 왜 꿈을 꾸는지 알지 못한다.

인간은 항상 꿈에 관심을 가져왔으며, 꿈이 무엇을 의미하는지도 모르면서 여기저기 헤매고 다녔다. 인류 최초의 시기부터 이런 관심은 꾸준히 지속되어 왔다. 내가 알고 있는 바로는 포괄적 내지 과학적이라고 할 수 있는 꿈 해석의 이론은 두 가지밖에 없다.

꿈을 이해하고 해석할 수 있다고 주장하는 두 주류는 프로이트의 정신분석학파와 개인심리학파이다. 그리고 이들 두 개 학파 중에서 개인심리학만이 상식과 완전히 일치하는 설명을 한다고 주장할 수 있다.

꿈을 이해하려고 했던 옛날 사람들의 시도는 물론 과학적이지는 않았지만 연구해 볼 가치는 있다. 적어도 그 연구는 사람들이 꿈을 어떻게 보아 왔는지, 꿈에 대한 그들의 태도가 어떤 것이었는지를 명확히 해 준다.

꿈은 인간 심리의 창조적 활동의 일부이기 때문에 사람들이 꿈을 통해 무엇을 기대해 왔는지를 알게 된다면, 우리는 그 목적을 이해하는 데 매우 가깝게 접근할 수 있다.

꿈에 대해 연구하다 보면 곧 놀랄 만한 사실과 만나게 된다. 그동안 꿈은 미래에 관계된다는 논리가 당연한 사실로 여겨져 왔다. 사람들은 자주 꿈속에서 어떤 지배적인 영이나 신, 조상과 같은 존재들이 그들의 심리 속에 붙어서 영향을 준다고 느껴 왔다. 그들은 곤란한 일에 직면했을 때 뭔가 해결책을 얻기 위해서 꿈을 이용했다.

꿈에 관한 고대의 서적들은 어떤 꿈이 미래에 무엇을 의미하는가에 대해서 설명하고 있다. 고대인들은 그들의 꿈속에서 어떤 전조나 예언을 점쳤다. 그리스인과 이집트인들은 장래의 생활에 영향을 주는 신성한 꿈을 꾸게 해 달라고 기원하면서 신전에 제사를 지냈다. 그런 꿈은 치유력이 있으며 육체적 혹은 정신적 장애를 제거할 수 있다고 여겼기 때문이다.

아메리카 원주민은 꿈을 불러내기 위해 단식이나 목욕을 하는 등 대단한 노력을 했으며, 자신들의 꿈에 대한 해석을 염두에 두고 행동했다. '구약성서'에도 꿈은 항상 뭔가 미래의 사건을 계시하는 것으로 해석되어 있다.

오늘날에도 꿈에 일어났던 일이 그대로 생시에 실제로 일어났다고 주장하는 사람들이 심심치 않게 있다. 그들은 자기들이 꿈속에서는 천리안을 가진 사람이며 미래를 볼 수 있기 때문에 앞으로 무슨 일이 일어날지 예언 가능하다고 믿는다. 과학적 입장에서 보면 그러한 견해는 매우 하찮게 여겨질지도 모른다.

처음 꿈의 문제를 해결하려고 시도했을 때부터 나는 다음과 같은 사실을 명확하게 알 수 있었다. 예언의 측면에 있어서는 꿈을 꾸는 사람이, 잠이 깨어 있는 상태에서 자기의 모든 능력을 완전히 파악하고 있는 사람보다 훨씬 더 나쁜 입장에 있다는 점이다.

꿈은 각성 시의 사고보다 결코 지적이거나 예언적이지 않으며 오히려 무질서하고 혼란스러워 보였다. 그럼에도 우리는 어떤 이유에선지 꿈이 미래에 관련되어 있다는 인류의 전통에 주의를 기울이지 않으면 안 된다. 어쩌면 그 믿음이 완전히 잘못되어 있는 건 아니라는 사실을 알게 될지도 모른다. 우리가 꿈을 올바른 방법으로 관찰해 볼 때 이제까지 발견하지 못했던 문제의 열쇠가 발견될 수도 있다.

사람들은 종종 꿈이 그들의 모든 문제를 해결해 주리라고 생각하기도 했다. 꿈을 꾸는 개인적인 목적은 미래에 다가올 일을 안내받고 자신의 문제에 대한 해결책을 구하는 것이라고 결론을 내릴 수도 있다.

그러나 이 말이 꿈에 대한 예언자적 견해를 따른다는 의미는 아니다. 우리는 지금 그가 어떠한 해결을 원하고 있는지, 어디로부터 그 해결책을 얻기 바라는지를 고찰해 보아야만 한다.

꿈에 의해 주어지는 어떤 해석도, 상황 전체를 상식적으로 바라보고 사고함으로써 얻는 해결보다 나은 바가 없다고 생각한다. 실제로 꿈을 꾸는 일에 있어서 어떤 사람은 자신의 모든 문제를 수면 속에서 해결하기를 바라고 있다고 해도 과언이 아니다.

프로이트는 꿈이 과학적으로 이해 가능한 의미를 내포하고 있다는 입장을 취하고 있다. 하지만 프로이트의 해석은 몇 가지 점에서 꿈을 과학의 영역 바깥에 있는 것으로 취급해 버렸다. 가령 프로이트는 심리의 움직임에는 낮과 밤사이에 틈이 있다고 생각한다.

'의식'과 '무의식'은 서로 모순되는 것이라 보고, 꿈에는 일상의 사고 법칙과 모순되는 독특한 자신만의 법칙이 있다고 말한다. 그러한 모순이 나타나는 곳에서는 결국 심리를 다룸에 있어서 비과학적인 태도가 나올 수밖에 없다. 원시적인 모든 민족과 고대 철학자의 사고에는 이와 같이 모든 관념을 대립적인 명제로 나누어 서로 모순되는 것으로 취급하려는 자세가 발견된다.

대립 명제적 태도는 신경증 환자들에게서 매우 잘 나타나는 현상이다. 사람들은 흔히 좌우, 남녀, 한온, 경중, 강약 등이 서로 반대되는 것이라고 믿는다.

그렇지만 과학적 견지에서 본다면 그런 것들은 반대되는 게 아니라 일종의 다양성이다. 그것들은 어떤 이상적인 허구를 향한 각각의 근사치에 따라 배열되어 있을 뿐이다. 마찬가지로 선악도, 정상과 이상도 모두 대립하는 모순이 아니라 하나의 변수이다.

자고 있을 때와 깨어 있을 때, 또 꿈의 사고와 낮의 사고를 대립되는 모순으로 취급하는 어떠한 이론도 비과학적임에 틀림없다. 프로이트의 견해 가운데 또 하나의 난점은 꿈이 성적인 배경을 갖고 있다는 견해이다. 이 역시 인간의 노력이나 활동으로부터 꿈을 분리시켜 버렸다. 만약 그 주장이 사실이라면 꿈은 인격 전체가 아니라 그 일부에 지나지 않는다는 의미를 갖게 된다.

프로이트학파는 스스로 꿈의 성적 해석이 불충분하다는 사실을 인식했으며, 프로이트 또한 꿈속에서도 죽고 싶어 하는 무의식의 욕망 표현을 볼 수 있다고 시인했다. 우리는 이 말이 사실이라는 하나의 의미를 발견할 수 있다. 꿈은 이미 보아 왔듯이 모든 문제에 대해 안이한 해결책을 얻으려는 노력이며 그 개인이 용기를 내야 할 일에 있어서 실패했다는 점을 명확하게 보여 준다.

프로이트의 말은 지극히 은유적이며 어떻게 인격 전체가 꿈속에서 반영되고 있는가를 발견하는 데 있어서 별 도움을 주지 않는다. 반복해서 말하지만, 꿈의 인생은 낮 동안의 생활로부터 매우 멀리 떨어져 있는 듯이 보인다. 그럼에도 프로이트의 시도 속에는 흥미롭고 가치 있는 힌트가 많이 주어져 있다. 특히 유익한 점은 꿈 자체가 중요한 것이 아니라 잠재해 있는 꿈의 사상이라는 힌트이다. 꿈에서는 인간 심리의 넓은 활동을 볼 수 있다.

개인심리학에서 우리는 어느 정도 비슷한 결론을 내렸다. 정신분석에서 소홀했던 내용은 심리학이라는 과학에서 바로 제1의 필요조건, 즉 인격의 일관성과 개인의 모든 표현에서 나타나는 동일성이라는 인식이다. 꿈 해석에 관한 결정적인 물음, 다시 말해 '꿈의 목적은 무엇인가' '도대체 우리는 무엇 때문에 꿈을 꾸는가'라는 질문에 대한 프로이트파의 답변을 보면 그러한 인식이 결여되어 있음이 보인다.

분석심리학자는 꿈의 목적에 대해 '그 사람의 채워지지 않은 욕망을 만족시키기 위해서'라고 대답한다. 그러나 이 견해는 결코 모든 문제를 설명하지 못한다. 만약 꿈이 분명치 않다거나 그 개인이 꿈을 잊어버렸다거나 혹은 이해할 수 없는 경우라면 어디에 만족이 있겠는가. 반복하지만 인간은 모두 꿈을 꾸지만 거의 모두가 꿈을 이해하지 못하고 있다.

꿈의 목적은 무엇인가

꿈은 깨어 있을 때의 생활과 모순되지는 않으며, 실제 삶의 다른 행위나 표현과 같은 선상에 있다. 만약 우리가 하루 종일 우월이라는 목표를 향해 노력하고 있다면 밤에도 똑같은 문제에 몰두할 것임에 틀림없다. 마치 꿈속에서 수행해야 할 과제가 있고, 우월을 향해 노력하지 않으면 안 되는 것처럼 꿈을 꾸고 있음에 틀림없다. 꿈은 인생 방식의 산물로써 인생 방식을 만들고 강화하는 데 도움이 되는 것이 분명하다.

우리는 꿈을 통해 어떤 쾌감을 얻을 수 있을까? 만약 꿈속에서의 삶이 낮의 삶과 다르다면 그리고 꿈속에서 느꼈던 만족감이 실제의 삶 속에서 일어난다면 우리는 꿈의 목적을 이해할 수 있을 것이다.

하지만 오늘날 우리는 인격의 일관성을 잃어버리고 있다. 꿈은 깨어 있는 사람에게는 아무런 목적도 갖고 있지 않다. 과학적 견지에서 본다면 꿈을 꾸고 있는 사람과 깨어 있는 사람은 동일한 인간이며, 꿈의 목적은 이 한 사람의 일관된 인격에 적용할 수 있어야 한다.

어떤 사람들에게 있어서는 꿈속에서의 욕구 충족을 위한 노력이 인격 전체와 관련을 맺고 있다는 게 사실이다. 이들은 응석받이 아이들의 유형으로 언제나 '나는 어떻게 하면 만족을 얻을 수 있을까?' '인생은 나에게 무엇을 제공해 줄까?' 하고 계속 질문을 던지는 사람이다. 이러한 사람은 다른 모든 표현들에서 드러나듯이 꿈속에서도 자신을 만족시켜 줄 것을 찾는다. 실제로 주의 깊게 살펴보면 프로이트 이론은 응석받이 아이들의 모든 본능이 결코 외면되어서는 안 된다고 느끼고, 다른 사람들이 존재하는 것을 불공평하다고 생각하며 항상 '왜 주위 사람들을 사랑해야만 하는 걸까, 주위 사람은 나를 사랑하고 있는가?'라고 묻는 사람에 관해 일관된 심리학이라는 사실을 알게 된다.

정신분석학파에서는 응석받이 어린이라는 전제에서 출발하여 이러한 전제를 더욱 철저하고 상세히 해명한다. 게다가 만일 우리가 꿈의 목적을 정말로 발견해 낸다면, 꿈을 잊어버린다든가 꿈이 이해되지 않는다든가 하는 문제들이 어떠한 목적에 부합되는지를 이해하는 데 도움을 줄 것이다. 이것은 내가 약 25년 전에 꿈의 의미를 찾아내려고 시작했을 때, 내 앞을 가로막고 몹시 힘들게 했던 문제였다.

꿈이 깨어 있을 때의 생활과 모순되지는 않는다는 사실, 꿈은 실제 삶의 다른 행위나 표현과 항상 같은 선상에 있다는 사실을 이해하게 되었다. 우리가 하루 종일 우월이라는 목표를 향해 노력하고 있다면 밤에도 똑같은 문제에 몰두할 것임에 틀림없다. 마치 꿈속에서 수행해야 할 과제가 있고, 꿈속에서도 우월을 향해 노력하지 않으면 안 되는 것처럼 꿈을 꾸고 있음에 틀림없다.

꿈은 인생 방식의 산물로써 인생 방식을 만들고 강화하는 데 도움이 되는 것이 분명하다. 하나의 고찰은 꿈의 목적을 명확히 하는 데 도움을 준다. 우리는 꿈을 꾸지만 아침이 되면 밤에 꾼 꿈을 곧잘 잊어버린다. 사람들은 아무것도 떠오르지 않는다고 말한다. 그렇지만 과연 그럴까? 전혀 아무것도 남지 않게 될까?

실제로는 무언가가 남겨진다. 꿈이 불러일으킨 어떤 감정이 뒤에 남는 것이다. 영상이 하나도 남지 않고 또 꿈의 내용을 이해하지 못한다 해도 감정만은 잠을 깬 뒤에까지 남는다.

꿈의 목적은 꿈이 불러일으키는 감정 속에 내재해 있음에 틀림없다. 꿈은 감정을 북돋워 일으키기 위한 수단이나 도구에 지나지 않는다. 꿈의 목적은 그 내용 뒤에 남는 감정에 있다. 한 개인이 창출하는 감정은 언제나 그 사람의 인생 방식과 일치한다.

꿈속의 생각과 낮 동안의 생각 사이의 차이점은 절대적이지 않다. 그 둘 사이에 고정된 경계 따위는 없다. 그 차이를 한마디로 말하면 꿈속에서는 현실과의 모든 관계가 낮보다 배제되어 있다는 점이다.

그렇다고 현실과 단절되어 있다는 의미는 아니다. 우리는 잠을 자고 있는 동안에도 여전히 현실과 접촉한다. 만약 우리가 여러 가지 문제로 고민하고 있다면 우리는 잠을 자면서도 고민하고 있다고 할 수 있다.

수면 중에도 침대에서 떨어지지 않도록 몸을 조정한다는 사실은 여전히 현실과의 접촉이 행해지고 있다는 사실을 증명해 준다. 아기를 둔 엄마들은 바깥 거리가 아무리 소란스러워도 잠을 잘 수 있지만, 자기 아이가 조금만 움직이는 소리가 들리면 잠에서 깨어난다.

우리는 수면 중에도 외계와의 접촉을 계속한다. 그러나 수면 중에는 감각에 의한 지각력이 아주 사라지지는 않더라도 훨씬 감소하기 때문에 현실과의 접촉이 그만큼 적어진다. 꿈을 꾸고 있을 때 우리는 혼자서 존재한다. 사회의 모든 요구는 긴박한 것이 아니다. 꿈속에서는 주위의 상황을 현실만큼 정직하게 고려할 필요가 없다. 잠은 우리가 긴장에서 해방되어 여러 가지 문제가 잘 해결되리라고 확신하고 있을 때에는 혼란스럽지 않다.

평온하고 조용한 잠을 어지럽히는 것이 꿈이다. 문제의 해결에 대한 확신이 없을 때에만, 또 현실이 수면 중에도 무거운 짐으로 압박해 오기 시작할 때에만 꿈을 꾼다고 결론지을 수 있다.

우리가 직면하고 있는 모든 어려움에 대항하여 해결책을 제시하는 일이 바로 꿈의 과제인 셈이다. 이제야 우리는 우리의 심리가 수면 속에서 어떠한 방법으로 문제에 맞서려고 하는지 이해하게 된다. 꿈속에서 우리는 현실과 달리 상황 전체와 맞서지 않기 때문에 모든 문제가 보다 쉽게 생각되어진다. 따라서 꿈에서 제시된 해결책은 우리의 현실에 맞게끔 약간의 적응을 요구하게 된다.

꿈의 목적은 인생의 방식을 지지하며 거기에 적합한 감정을 요구한다. 그렇다면 인생 방식은 왜 지원을 필요로 하는 것일까? 무엇이 그 방식을 공격할 수 있을까?

개인의 인생 방식을 공격할 수 있는 것은 현실과 상식뿐이다. 그러므로 꿈의 목적은 객관적이고 상식적인 요구에 대해서 자신의 인생 방식을 지지하는 일이다. 이 해석은 우리에게 흥미 있는 통찰을 보여준다. 만약 어떤 사람이 상식적으로 해결하고 싶다고 생각하지 않는 문제에 직면하게 되면, 그는 자신의 꿈속에서 불러일으켜진 감정에 의해 자신의 태도를 확인할 수 있다. 언뜻 보기에 이 일은 우리가 깨어 있을 때의 생활과 모순되는 것처럼 보일지도 모르나 거기에는 아무런 모순도 없다. 우리는 깨어 있을 때와 아주 똑같은 방법으로 감정을 일어나게 할 수 있다.

만약 어떤 사람이 곤란한 일에 직면했을 때 상식적으로 대응하는 대신 자신의 오랜 인생 방식대로 해결하고 싶어 한다면, 그는 자신의 인생 방식을 정당화하고 그 방식을 만족스럽다고 생각하기 위해 무슨 일이라도 해낼 수 있다.

예를 들어 어떤 사람의 목표가 안이한 방법으로 돈을 버는 일이라면 목표를 이루기 위해 노력하거나 일하지 않고, 사람에게 공헌하는 일도 없이 돈을 손에 넣으려고만 할 것이다. 이와 유사한 방법으로 도박을 생각할 수 있다. 그는 대부분의 사람이 도박에 의해 비참하게 돈을 잃었다는 사실을 알고 있다. 그럼에도 편안하게 살고 싶은 자신의 욕망 때문에 그는 안이한 방법만을 떠올린다. 그는 어떻게 될 것인가.

그는 오로지 돈을 벌어 부자가 되면 어떤 이득이 있을까를 생각하느라 머리가 꽉 차고 만다. 그는 자신의 머릿속에서만 돈을 벌고 차를 사며, 호화로운 생활을 하고 주위에 부자라고 알려진다. 그는 이런 일을 심리 속에 묘사함으로써 자신을 앞으로 밀고 나가기 위한 감정을 북돋 워 일으킨다.

그리하여 상식에 등을 돌리고 도박을 시작한다. 이와 똑같은 일이 더 흔한 상황에서 일어난다. 우리가 일을 하고 있을 때 누군가가 와서 자기 가 보고 온 연극 이야기를 꺼내면 우리는 하던 일을 그만두고 극장에 가 고 싶은 감정이 생겨난다.

어떤 사람이 연애를 하고 있다면 그는 자신의 장래를 심리 속에 묘사 한다. 그가 상대에게 진심으로 매혹을 느끼고 있다면 장래를 행복하게 묘사하고 그가 비관에 빠져 있는 순간에는 장래를 어둡게 묘사한다. 어 쨌든 그는 자신의 감정을 불러일으킨다. 따라서 우리는 그가 일으킨 감 정이 어떤 종류인가를 살펴봄으로써 그가 어떤 사람인가를 파악할 수 있게 된다.

그런데 꿈을 꾸는 일이 감정에 불과한 거라면 상식과는 어떤 관계에 있는가. 꿈을 꾸는 일은 상식에 대항하는 것이다. 감정 때문에 혼란스러 워지는 것을 좋아하지 않는 사람들, 과학적인 방법으로 처리하는 것을 좋아하는 사람들은 그다지 꿈을 자주 꾸지 않거나 전혀 꿈을 꾸지 않는 다는 사실이 확인되었다.

반면 상식으로부터 멀리 떨어져 있는 사람들은 자신의 문제를 정상 적이고 유익한 수단에 의해 해결하고 싶어 하지 않는다. 상식이란 협동 의 한 국면이므로, 협동을 하도록 훈련되어 있지 않은 사람은 상식을 좋 아하지 않는다. 그런 사람들은 자주 꿈을 꾼다. 그들은 자신의 인생 방식대로 지배하고 그것이 정당화되는 상황에 몰두하며, 현실의 도전을 회피하고 싶어 한다.

우리는 꿈이 개인의 인생 방식과 현재의 문제점들 사이에서 어떠한 요구 없이 단지 다리를 놓으려는 시도라는 결론을 내리게 된다. 인생 방식은 꿈의 주인이다. 그 방식은 언제나 그 개인이 필요로 하는 감정을 불러일으킨다. 우리가 꿈에서 발견하는 특징은 개인의 다른 모든 징후 속에서 발견하는 바와 같다. 우리는 꿈을 꾸든 꾸지 않든 간에 모든 문제에 대해 같은 방법으로 접근한다.

꿈은 인생 방식을 지지하고 그 방식을 정당화하는 일을 한다. 만약 이 것이 사실이라면 우리는 꿈을 이해함으로써 더욱 새롭고 중요한 단계에 도달하게 된다. 우리는 꿈속에서 자기 자신을 달래고 있는 것이다. 모든 꿈은 자기도취이며 자기최면이다. 꿈의 목적은 우리가 어떤 상황에 직면할 준비를 하도록 분위기를 조성하는 데 있다. 우리는 꿈속에서도 일상생활에서 보이는 것과 똑같은 인격을 보이지 않으면 안 된다.

그러나 우리는 그 사람이 낮에 이용하게 될 감정을 계속 준비하고 있는, 소위 '심리의 일터' 속에서 그를 보아야 한다. 만약 이러한 가정이 옳다면 우리는 꿈의 구성과 꿈이 만들어지는 모든 내용물로부터 자기기만을 볼 수 있다.

우리는 꿈에서 무엇을 발견할 수 있는가. 먼저 일정한 영상과 사건, 사건의 선택을 발견하게 된다. 사람들은 과거를 회고할 때 자기의 영상과 사건으로 이루어진 시화집을 만들어 낸다.

우리는 그의 선택이 어떤 경향에 의거하고 있다는 사실 즉, 그가 기억속에서 자신의 개인적인 우월 목표를 지지하는 사건만을 뽑아낸다는 사실을 발견했다. 그의 기억을 지배하고 있는 것은 그의 목표이다. 꿈의 구성도 이와 같은 방법으로 이루어진다. 현실의 문제에 직면하게 되면 자신의 인생 방식에 합치하고 그 방식이 요구하는 바를 표현하는 사건만을 발탁해 낸다. 그 선택의 의미는 어려움과 관련된 인생 방식의 의미 이외에는 있을 수 없다.

꿈속에서 인생 방식은 그 자신의 길을 요구한다. 모든 역경과 현실적으로 맞서는 일은 상식을 요구할 테지만, 인생 방식은 그의 길을 양보하려 하지 않는다.

그 밖에 꿈은 또 어떠한 수단으로 이용될까? 이 점은 아주 오랜 옛날부터 계속 관찰되어 왔으며 현대에 이르러서는 프로이트가 특히 강조한 바 있다. 꿈은 주로 은유와 상징으로 이루어진다. 어떤 심리학자가 말한 바와 같이 '우리는 꿈속에서는 시인'이다.

그러면 꿈은 왜 시나 은유 대신에 단순하고 직접적인 말을 이용하지 않는 것일까? 만약 우리가 은유나 상징을 빼고 명료하게 이야기한다면 우리는 상식에서 도망쳐 나갈 수가 없다. 하지만 은유나 상징은 남용될 수 있다. 그것은 여러 가지 다른 의미를 연결 지을 수 있으며, 그중 하나가 잘못되었다 해도 동시에 말해질 수 있다. 그에 대해서는 비논리적인 결론이 내려진다.

꿈은 감정을 불러일으키기 위해서 사용된다. 그런 것은 일상생활 속에서도 쉽게 발견할 수 있다. 우리는 어떤 사람의 태도를 고치기 위해 "어린애같이 굴어서는 안 됩니다"라고 말하기도 하고 "왜 웁니까? 당신은 여자가 아닌데"라고 말하기도 한다.

우리가 은유를 사용할 때에는 언제나 그 일과 직접적인 관련이 없는 것, 단지 감정에만 기초를 둔 무엇인가가 깃들어 있다. 남자아이에게 화가 난 성인 남자는 "그 녀석은 벌레다. 그런 녀석은 밟아 없애 버려야 한다"라고 말할 수도 있다. 그는 은유를 통해서 자신의 분노를 지지하기 쉽게 표현한다. 은유는 멋진 화법으로써 우리는 언제나 그 방식을 이용해 스스로를 기만할 수 있다.

호메로스가 그리스 군대를 마치 전장 속을 질주하는 사자와 같다고 묘사했을 때, 그것은 우리에게 멋진 이미지를 상상하게 만든다. 그렇지만 과연 처참하고 먼지에 찌든 병사들이 전장 속을 질주하는 모습을 그가 정확하게 묘사했다고 말할 수 있을까. 그는 우리에게 병사들이 사자와 같다고 상상하도록 만들었다.

우리는 그들이 현실적으로는 사자가 아니었다는 사실을 알고 있다. 하지만 만약 시인이 병사들의 주춤하는 모습이라든가 그들의 무기가 얼마나 낡은 것인지 등에 대해 상세한 묘사를 했다면 우리는 그다지 강한 인상은 받지 못했을 것이다.

은유는 아름다움이나 상상, 공상을 위해서 이용된다. 그렇지만 우리는 은유나 상징이 잘못된 인생 방식을 가진 사람의 손에 의해서 이용될 때에는 언제나 위험하다는 점을 강조하지 않으면 안 된다.

어느 학생이 시험을 치러야 하는 상황에 직면했다고 하자. 출제된 문제는 간단한 수준으로 그는 용기와 상식을 갖고 풀어 나가야 한다. 그러나 도피하고 싶다는 게 그의 인생 방식이라면 그는 전장에서 싸우고 있는 꿈을 꾸게 될지도 모른다.

그가 이 간단한 문제를 과장된 은유로 묘사하기 때문에 그의 두려움은 훨씬 더 정당화된다. 어쩌면 그는 깊은 구덩이 앞에 서서 거기에 떨어지지 않으려면 도망쳐야만 되는 꿈을 꾸게 될지도 모른다. 그는 시험을 회피하고 거기에서 도망치는 데 도움이 될 감정을 만들어 내야만 하기 때문이다.

꿈에서 그는 시험을 구덩이와 동일화시킴으로써 자기 자신을 기만한다. 여기서 우리는 꿈에서 자주 이용되는 또 하나의 방법을 발견하게 된다. 어떤 문제를 취급하면서 그 부분을 잘라 내든지 바짝 줄여서 결국에는 원래의 문제보다 훨씬 작은 일부분밖에 남지 않도록 만들어버리는 것이다. 그리고 그 나머지를 은유로써 표현하여 그 일부가 원래의 문제와 같은 것인 양 취급한다.

예를 들어 앞서의 학생보다 용기가 있으며 좀 더 미래를 응시하고 있는 또 한 명의 학생이 있다고 가정하자. 그는 자기의 과제를 완성하고 시험을 잘 치르고 싶다는 생각을 한다. 그 역시도 지지받기를 바라며 자기 자신에게 거듭 확신을 주고 싶어 한다. 그것은 그의 인생 방식이 요구하는 일이다.

시험 전날 밤 그는 자기가 산꼭대기의 정상에 서 있는 꿈을 꾼다. 그의 상황을 묘사하는 모습은 지극히 단순화되어 있다. 그에게 있어서 시험은 심각한 것이지만, 꿈에서는 그의 인생 전체 속에서 아주 작은 일부만이 표시된다. 그는 많은 국면을 배제함으로써 그리고 성공한다는 자기의 예측에 스스로를 집중시킴으로써 그 결과를 도와줄 감정이 일어나게 한다.

이튿날 아침, 그는 전보다 더욱 행복하며 활기차고 신선한 기분으로 눈을 뜬다. 그는 자기가 직면해야만 되는 곤란한 일을 최소한으로 작게 만드는 데 성공하였다. 그는 스스로에게 확신을 갖고 싶었음에도 불구하고 실제로는 자기 자신을 속였던 것이다.

그는 그 문제에 대해 상식적인 방법으로 대처하려고 하지 않았다. 단지 확신이라는 기분을 유발시키려 했을 뿐이다. 사실 이와 같은 식으로 감정을 유발시키는 일은 조금도 이상하지 않다.

작은 시냇물을 뛰어넘으려 하는 사람은 아마 뛰기 전에 셋을 셀 것이다. 셋을 헤아리는 게 그렇게 중대한 일일까. 뛴다는 것과 셋을 헤아리는 것 사이에 필연적인 관련이 있는 것일까. 물론 관련 따위는 하나도 없다. 그러나 그는 자기의 기분을 북돋워서 모든 힘을 집중시키기 위해 셋을 헤아려야만 한다.

꿈은 현실과 어느 정도 관계가 있는가

꿈의 내용은 자신의 현재 상황과 일련의 연관이 있게 마련이다. 자신의 억눌린 무의식이나 감정들이 꿈속에 드러나는 것이다. 여기에서 개인심리학적 치료의 목적은 사람들이 인생의 모든 문제에 대처할 때 개인의 용기를 증대시키려는 데 있다. 따라서 치료가 진행됨에 따라 꿈이 변화하고 자신 있는 태도가 현저하게 드러나게 된다.

서른두 살의 신경증 환자가 치료를 받으러 왔다. 그녀는 둘째 딸로서 대개의 둘째 아이가 그렇듯이 매우 야심적이었다. 그녀는 언제나 맏딸이었으면 좋겠다고 생각했으며, 모든 문제를 완벽하게 해결하고 싶어했다. 그런 그녀가 신경쇠약이 되어 가고 있었다. 자기보다 연상인 기혼 남자와 연애를 하게 되었는데 그 애인이 사업에 실패해 버렸다. 그와 결혼하는 것이 그녀의 소원이었지만 그 남자는 이혼하지 못했다.

어느 날 그녀는 다음과 같은 꿈을 꾸었다.

"나는 시골에 있는 동안 내 아파트를 빌려 주기로 한 남자와 결혼했어요. 그런데 그는 한 푼도 없는 빈털터리였습니다. 그는 정직하지도 않고 직업이 있는 사람도 아니었어요. 그가 아파트 비용을 지불할 수 없었기 때문에 나는 그를 나가게 할 수밖에 없었죠."

이 꿈이 그녀의 현재 생활과 어느 정도 관계가 있다는 사실은 쉽게 알 수 있다. 그녀는 당시 사업에 실패한 유부남과 과연 결혼을 할 수 있는지에 대해 고심하고 있었다. 그녀의 애인은 가난하고 그녀를 부양할 능력도 없었다. 더구나 그는 지불할 돈이 없는 상태에서 그녀를 저녁 식사에 데리고 간 적도 있다.

이 꿈의 목적은 그 결혼에 반대하는 감정을 북돋는 일이었다. 그녀는 야심적인 여성이었으며 가난한 남자와 결합되는 걸 바라지 않았다. 그녀는 은유를 사용해서 자문한다.

'그는 내 아파트를 빌렸는데 집세를 지불할 수 없다. 그런 임차인을 나는 어떻게 하면 좋을까?'

그에 대한 대답은 '그는 나가야 한다'는 것이었다. 그러나 이 기혼 남성은 그녀의 임차인이 아니었으며 그런 동일화는 올바른 게 아니다. 가족을 부양할 수 없는 남편을 집세를 지불하지 못하는 임차인과 같다고 볼 수는 없다. 그렇지만 그녀는 자신의 문제를 해결하고 더 확실하게 자기의 인생 방식을 따르기 위해, 상식적인 방법으로 대처하는 일을 피하고 일부만을 선택해 내었다.

동시에 그녀는 사랑과 결혼이라는 문제를 마치 '한 남자가 나의 아파트를 빌린다. 그가 집세를 지불할 수 없다면 그는 쫓겨나야만 한다'는 은유에 의해 충분히 표현될 수 있는 일처럼 축소시켜 버렸다.

개인심리학적 치료의 목적은 사람들이 인생의 모든 문제에 대처할 때 개인의 용기를 증대시키려는 데 있다. 따라서 치료가 진행됨에 따라 꿈이 변화하고 자신 있는 태도가 현저하게 드러나게 된다.

어떤 우울증 환자가 치료를 받기 전에 마지막으로 꾸었던 꿈은 다음과 같았다.

"혼자 벤치에 앉아 있는데 갑자기 심한 눈보라가 몰아쳤습니다. 나는 급히 집으로 들어가 남편에게로 갔기 때문에 다행히 거기에서 도망칠 수 있었어요. 그리고 나는 남편이 신문 광고란에서 적당한 일자리를 찾아내도록 도와주었습니다."

그 환자는 자신의 꿈을 이해하게 되었다. 그 꿈은 남편과 화해하고 싶다는 감정을 분명하게 보여 주고 있었다. 처음에 그녀는 안락한 가정생활을 구축하는 데 실패한 남편의 무력함과 연약함에 불만을 느끼고 있었다. 하지만 그녀가 꾼 꿈의 의미는 '혼자서 난관에 부딪치기보다는 남편의 곁에 있는 편이 오히려 낫다'는 것이었다. 그 꿈에서 그녀가 남편과 자신을 화해시킨 방법은 두 사람을 염려해 주는 주위 사람들이 할 법한 충고와 비슷하다.

한편 그 꿈에는 혼자 있을 때의 위험이 지나치게 강조되고 있다. 또한 그녀가 용기와 독립과 협동을 드러내고 시행하는 일에 아직도 마음의 준비가 되어 있지 않은 상태임을 보여 준다.

타인을 지배하려는 사람은 친구가 없다

만약 어떤 사람이 친구를 사귀지 않는다면, 그 이유는 그 사람이 타인을 지배하고 싶어 하기 때문이라고 받아들인다. 그 사람은 오직 자신에게만 관심이 있으며 그의 목표는 자신의 우월을 드러내 보이는 일이다. 그런 두 사람이 만나면 당연히 마찰이 일어날 수밖에 없다.

비서 일을 하는 스물네 살의 미혼 여성이 찾아왔다. 그녀는 사장의 거만스런 태도 때문에 자기의 인생이 무참하게 되었다고 호소했다. 그녀는 친구를 사귀지 못하며 또 친구관계를 지속시킬 수 없다고 느끼고 있었다.

우리의 경험에 비추어 볼 때 만약 어떤 사람이 친구를 사귀지 않는다면, 그 이유는 그 사람이 타인을 지배하고 싶어 하기 때문이라고 받아들인다. 그 사람은 오직 자신에게만 관심이 있으며 그의 목표는 자신의 우월을 드러내 보이는 일이다. 아마 그녀의 사장도 같은 종류의 사람일 것이다. 그들 두 사람은 모두 타인을 지배하고 싶어 한다. 그런 두 사람이 만나면 당연히 마찰이 일어날 수밖에 없다.

그녀는 일곱 형제 중 막내였으며 가족의 귀염둥이였다. 그녀는 언제나 남자아이가 되고 싶어 했기 때문에 '톰'이라는 별명이 붙기도 했다. 이는 자신의 우월 목표를 개인적인 어떤 부분과 동일시했던 것은 아닐까 하는 의혹을 품게 한다.

그녀는 남성적이라는 의미를 주인, 타인을 지배하는 것, 자기 자신은 지배되지 않는 것이라고 생각하고 있다. 그녀는 미인으로서 사람들이 자기를 좋아하는 이유가 자신의 예쁜 얼굴 때문이라고 생각하고 있었으며, 때문에 유혹을 받거나 상처를 입을까 봐 두려워하고 있었다.

미모의 여성은 대개 그렇지 않은 사람에 비해 훨씬 수월하게 타인에게 강한 인상을 심어 줄 수 있으며 타인을 지배할 수 있다. 그녀는 이런 사실을 잘 이해하고 있었다. 그러나 그녀는 남자가 되고 싶어 하며 남성적인 행동으로 지배하고 싶어 한다. 그 결과 그녀는 자기가 예쁘다는 사실에 대해 만족할 수가 없었다. 그녀의 맨 처음 기억은 어떤 남자에게 협박을 당한 일이었다. 그녀는 지금도 강도나 미친 사람에게 잡힐지도 모른다는 두려움을 느낀다고 고백했다.

남성적이고 싶어 하는 소녀가 강도나 미친 사람을 두려워하는 것이 기묘하게 생각될지도 모른다. 하지만 그런 감정은 사실 이상한 일이 아니다. 그녀의 목표를 지배하고 있는 것은 자기가 약하다는 감정이다. 그녀는 자기가 타인을 지배하여 종속시킬 수 있는 상황에 있고 싶어 하며 그 외의 다른 모든 상황은 배제해 버리고 싶어 한다. 강도나 미친 사람은 통제하기가 불가능하기 때문에 그녀는 그런 사람을 모두 말살해 버리고 싶어 한다.

그녀는 안이한 방법으로 남성적이기를 바라고 있으며 실패했을 때에는 자신을 위해서 참고로 해 두어야 한다고 생각한다. 이렇게 여성적 역할에 대한 폭넓은 불만감에는 언제나 '나는 여성이라는 불리한 상황에 대해서 투쟁하고 있는 남성'이라는 긴장감이 동반되어 있다.

그녀의 꿈속에 이와 같은 감정이 어떻게 나타나는지 살펴보기로 하자. 그녀는 귀여움을 받는 응석받이 아이였음에도 불구하고 자주 외톨이가 되는 꿈을 꾸었다. 그녀의 꿈의 의미는 '나는 보살핌을 받지 않으면 안 된다. 나를 외톨이로 놓아두는 것은 위험하다. 나쁜 사람이 나를 포위하고 나를 정복해 버릴지도 모른다'라는 뜻이다.

또 그녀는 지갑을 잃어버리는 꿈도 자주 꾸었다. '정신을 차려야만 해. 나는 무언가를 잃을 위험성이 있는 거야'라고 그녀는 여기고 있는 것이다. 그녀는 결코 어떤 것도 잃어버리고 싶어 하지 않는다. 특히 타인을 지배하는 힘을 잃고 싶어 하지 않기 때문에 생활 속의 한 가지 일, 즉 지갑을 잃어버리는 일을 골라서 그 전체를 대신하고 있다. 그녀는 지갑을 잃어버리지는 않지만 지갑을 잃어버리는 꿈을 꾼다.

감정은 잠을 깬 후에까지 남는다. 꿈이 감정을 창출해 냄으로써 어떻게 인생 방식을 강화하는지 보여 주는 또 다른 예가 있다. 다음의 꿈은 그녀의 태도를 이해하는 데 도움을 준다.

"나는 많은 사람들이 있는 수영장에 갔습니다. 내가 거기 있는 사람들의 머리 위에 서 있는데 그중 어떤 사람이 정신을 차렸습니다. 나는 밑에 있는 누군가가 나를 향해 소리 지르는 것을 느꼈고 아래로 떨어질 것 같은 불안한 위험성을 느꼈습니다."

만약 내가 조각가라면 그녀를, 사람들의 머리를 자기의 발판으로 삼고 서 있는 모습으로 조각할 것이다. 이것이 그녀의 인생 방식이다. 그런 상이 그녀가 불러일으키고 싶은 감정이다.

하지만 그녀는 자기의 입장이 불안정하다는 사실을 알고 있으며 다른 사람들도 그녀의 위험을 깨달아야만 한다고 생각하고 있다. 다른 사람들은 그녀가 그들의 머리 위에 계속 서 있을 수 있도록 보호하고 주의해야만 한다. 물속을 헤엄치고 있는 것은 안전하지 못한 상황이다. 이는 그녀의 생애 전체를 이야기하고 있다.

그녀는 '여자아이가 아닌 남자아이가 되는 것'을 자신의 목표로 정했다. 그녀는 대부분의 막내가 그렇듯이 매우 야심적이었다. 그러나 자신의 현실에 만족하지 못하고 더욱 우월해지기를 바랐으며, 그 점을 내보이고 싶어 했다. 그래서 언제나 패배의 공포에 쫓기고 있었다.

만약 우리가 그녀를 도우려 한다면 그녀를 여성적인 역할과 화해시켜서 남성에 대한 공포와 과대평가를 없애도록 해야 한다. 또한 동료들과 더불어 사이좋고 평등하게 지내는 길을 발견하도록 도와야 한다.

긴장감이 무조건적인 위험 요소는 아니다

꿈속에서 긴장감을 발견한다 해서 그 내용에 휘둘리며 두려워할 필요는 없다. 꿈속에 드러난 자신의 걱정과 불안을 인식함으로써 극복하는 계기로 삼을 수 있기 때문이다. 그가 다른 사람을 좋아하고 그들과 협동하여 무엇인가를 성취하는 일에 관심을 가짐으로써 자신의 부족한 부분을 채우고 있다면, 그가 언제나 협동적이라고 확신할 수 있다.

한 소녀가 열세 살 때 그녀의 동생이 사고로 죽었다. 그녀의 최초 기억은 이에 대한 일이었다.

"내 동생이 아직 갓난아기로 걸음마를 배우기 시작했을 때 의자를 붙들고 일어서려 했는데 의자가 동생 위로 쓰러졌어요."

여기에서 그녀가 외부 세계의 위험에 깊은 인상을 받았다는 사실을 알 수 있다. 그녀의 꿈은 이런 내용이었다.

"내가 제일 먼저 꾼 꿈은 너무나 이상했어요. 나는 보이지 않는 함정이 있는 길을 따라 걷고 있었어요. 그곳을 걷다가 함정에 빠져 버렸는데 함정은 물로 꽉 차 있었어요. 물의 촉감을 느끼고는 깜짝 놀라 뛰어올랐지만, 심장이 몹시 강하게 두근거렸어요."

우리는 이 꿈이 소녀가 생각하는 만큼 이상하다고 생각지 않는다. 그러나 만약 꿈속의 소녀가 계속 스스로를 경계하려 한다면, 그녀는 이상하다는 생각을 멈추지 않게 될 것이다.

그녀는 꿈의 이유 역시 이해하지 못할 테지만 그 꿈은 소녀에게 '정신을 차리시오. 주위에는 당신이 모르는 여러 가지 위험이 도사리고 있답니다' 라고 알려 주고 있다.

하지만 이 꿈은 우리에게 그 이상을 시사해 준다. 떨어질 위험이 있다고 생각된다는 사실은 소녀가 다른 사람들보다 위에 있다고 생각하고 있음을 나타낸다. 앞의 사례와 마찬가지로 소녀는 '나는 우월하다. 그러나 나는 언제나 떨어지지 않도록 정신을 차리고 있지 않으면 안 된다'라고 말하고 있다.

최초의 기억과 어떤 꿈 사이에 똑같은 인생 방식이 적용되고 있는 특별한 사례를 한번 살펴보자. 한 소녀가 이런 기억을 이야기해 주었다.

"나는 한때 아파트가 세워지는 것을 보는 일에 매우 관심이 있었어요."

이 말에서 우리는 그녀가 협동적이라고 추측할 수 있다. 한 소녀가 집을 짓는 일에 협력하리라고 기대할 수는 없지만 그 꿈을 통해서 다른 사람들의 일에 참가하고 싶어 한다는 점은 미루어 짐작할 수 있다.

"나는 작은 꼬마였어요. 굉장히 높은 창 옆에 서 있었죠. 창문의 유리가 매우 투명하게 닦여 있던 걸 어제 일처럼 기억하고 있어요."

만약 소녀의 생각이 창문이 높다는 사실에 미쳤다면, 그녀는 마음속으로 높은 것과 낮은 것과의 대조를 생각했을 것임에 틀림없다. 소녀가 말하고 싶은 바는 '그 창은 높고 나는 작았다'는 점이다.

그녀의 키가 작다고 듣긴 했지만 놀랄 만한 정도는 아니었다. 그녀가 크기를 비교하는 데 어느 정도 관심을 갖게 된 것은 바로 이 일로 비롯되었다. 그녀가 이 일을 매우 정확하게 기억한다고 말하는 것은 일종의 자만이다. 이번에는 그 소녀의 꿈 이야기를 들어 보자.

"몇 명의 사람들이 나와 함께 차에 타고 있었어요."

소녀는 우리가 생각했던 대로 협동적이다. 그녀는 다른 사람들과 함께 있는 것을 좋아한다.

"우리는 드라이브를 하다가 숲 앞에서 멈추었어요. 그 사람들은 대부분 나보다 컸어요."

여기에서도 그녀는 크기의 차이를 의식하고 있다.

"도착한 뒤에 나는 간신히 엘리베이터를 탈 수 있었어요. 엘리베이터는 10피트 지하의 갱도로 내려갔어요. 만약 밖으로 나간다면 독가스가 가득할 거라는 생각이 들었어요."

소녀는 이제야 하나의 위험을 묘사해 보인다.

"우리들이 밖으로 나왔을 때는 모두 안전했어요."

여기에서는 낙관적인 견해가 보인다. 만약 어떤 개인이 협동적이라면 그 사람은 언제나 용기백배한 낙천적인 성품을 갖는다.

"우리는 거기에 잠시 있다가 다시 올라와서 재빨리 차까지 달렸어요."

나는 이 소녀가 언제나 협동적이라고 확신할 수 있다. 그런데 그녀는 자기의 키가 더 크지 않으면 안 된다는 생각을 갖고 있다. 우리는 그녀의 꿈속에서 마치 그녀의 키가 크고 있는 듯한 약간의 긴장을 발견할 수 있다. 하지만 그녀는 다른 사람을 좋아하고 그들과 협동하여 무엇인가를 성취하는 일에 관심을 가짐으로써 자신의 부족한 부분을 채우고 있다.

Alfred Adler

어려움을 해방시키는 용기

불완전함을 극복하기 위한 올바른 수단

아이가 자기의 어려움으로부터 해방되겠다는 바람만 갖고 있다면 개선
이 늦어지게 된다. 그들이 노력을 위한 목적을 계속 가지고 있을 때, 그리
고 이 목적을 달성하는 일이 그들 앞에 버티고 서 있는 장애물보다 훨씬
중요하다고 생각할 때 그들은 계속해서 용기를 가질 수 있다. 만약 그들
이 그들의 목표를 향하고자 한다면 당연히 그들은 그 목표를 달성하기 위
해 스스로 훈련하고 준비할 것이다.

　우리가 사물이나 상황에 대해 취하는 태도는 항상 의미에 의해 결정
된다. 여기서 우리는 심리학에 관한 우리의 정의를 이렇게 표현할 수가
있다. 심리학이란 한 개인이 자기의 몸에 대해 취하는 태도에 관한 이해
이다.

　우리는 또 인간의 마음속에 어째서 커다란 잘못이 생기는지를 이해
하기 시작한다. 환경에 잘 적응하지 못하고 환경의 요구를 잘 받아들일
수 없는 몸은 대개 마음에 의해 무거운 짐이라고 여겨진다.

　그렇기 때문에 육체적으로 불완전한 신체 기관을 가졌다는 이유로

괴로움을 겪은 아이들은 정신적 발달에 있어서 다른 아이들보다도 훨씬 커다란 곤궁에 빠진다. 그들은 자기 몸으로 우월한 지위를 향해 움직이거나 스스로를 통제하기가 보통의 경우보다 어렵다. 똑같은 목표를 달성하려고 할 때도 다른 사람보다 많은 정신적 노력이 필요하며 정신의 집중도도 높여야만 한다.

이에 따라 마음의 부담이 과중해지기 때문에 자기중심적이고 이기적이 되어 간다. 만일 아이가 항상 자기의 몸이 불편하다는 사실을 인식해야 하고 움직이는 데 곤란을 느끼며 마음을 쓰고 있다면, 자기 이외의 것에 주의를 쏟을 여유가 없다. 그 아이는 타인에게 관심을 가질 시간도 자유도 없으며 그 결과 사회 감정이나 협동하는 능력도 다른 사람보다 낮은 상태로 성장하게 된다.

모든 기관이 불완전하다는 것은 확실히 불리한 조건이다. 그렇다고 해서 결코 피할 수 없는 운명도 아니다. 만약 정신이 자신의 본분을 잘 수행하고 모든 어려움을 극복하도록 열심히 훈련한다면, 그런 사람들 또한 무거운 짐을 지지 않은 평범한 사람들과 마찬가지로 훌륭하게 성공할 수 있다.

실제로 불완전한 신체 기관을 갖고 있는 아이가 장애에도 불구하고 정상적인 사람들보다 더 커다란 업적을 이룩하기도 한다. 그런 경우의 핸디캡은 전진하기 위한 자극인 셈이다.

가령 어떤 소년은 눈이 비정상이기 때문에 극심한 고통으로 괴로워할지도 모른다. 그는 눈으로 볼 수 있는 세계에 대해 다른 사람들보다 더 주의를 기울인다. 그는 여러 가지 색이나 형태로 판별하는 일에 누구보다도 흥미를 갖는다. 결과적으로 그는 사소한 차이에 주의를 기울여 고투할 필요가 전혀 없는 다른 아이들보다 가시적 세계에 대해 위대한 경험을 갖게 된다. 이렇게 해서 불완전한 기관은 귀중한 이점의 원천이 될 수 있다.

그러나 그럴 수 있는 경우는 마음이 모든 역경을 극복하기 위한 올바른 수단을 발견했을 때에만 가능하다. 불완전한 시력으로 고민했다는 화가나 시인의 경우를 우리는 잘 알고 있다. 불완전함은 잘 훈련된 정신에 의해 통제된다. 결국 이런 정신의 소유자는 그들의 눈을 정상에 가까운 다른 사람들보다 더욱 많은 목적을 위해 이용할 수 있게 된다.

이와 같은 부류의 보상은 왼손잡이 아이들 가운데서 더 잘 보인다. 가정생활에 있어서 혹은 학교생활을 처음 시작할 때 그들은 불완전한 오른손을 사용하도록 훈련된다. 그 과정에서 처음에는 오른손으로 글자를 쓴다거나 그림을 그린다거나 수예를 하는 등의 세밀한 작업을 하기가 쉽지 않다.

하지만 만일 정신이 그런 어려움을 극복만 한다면 불완전한 오른손도 가끔은 고도의 예술성을 발휘할 수 있다고 기대된다. 실제로 그런 일이 일어난다. 많은 사례에서 볼 수 있듯이 왼손잡이 아이는 다른 아이보다 글씨나 그림 실력이 뛰어나며 수예 솜씨도 훌륭하다. 그들은 올바른 기술을 배움으로써 흥미나 훈련이나 연습에 의해 불리한 점을 이점으로 변화시켜 갔기 때문이다.

전체를 위해서 공헌하고 싶어 한다거나 자신뿐만 아니라 타인에게도 관심을 갖고 있는 아이들은 자신의 결함을 고치려는 훈련에 성공할 수 있다. 그들이 노력을 위한 목적을 계속 가지고 있을 때, 그리고 이 목적을 달성하는 일이 그들 앞에 버티고 서 있는 장애물보다 훨씬 중요하다고 생각할 때 그들은 계속해서 용기를 가질 수 있다.

그럼에도 아이가 자기의 어려움으로부터 해방되겠다는 바람만 갖고 있다면 개선이 늦어지게 된다. 문제는 그들의 관심과 주의가 어디로 향해 있는가 하는 점이다. 만약 그들이 그들의 목표를 향하고자 한다면 당연히 그들은 그 목표를 달성하기 위해 스스로 훈련하고 준비할 것이다.

어려움이란 성공에 이르는 도중에 극복되어야만 하는 것 이상도 이하도 아니다. 그들의 관심이 자기들의 장애를 강조하는 일에만 향해 있다거나 어려움에서 해방되겠다는 목적으로만 장애와 싸우고 있다면 그들에게 진보란 없다.

불필요한 오른손이라는 개념은 단지 생각에 불과하다. 오른손이 그저 쓸모없지 않기만을 바란다거나 불필요하지 않을 정도만 되었으면 좋겠다고 생각한다면 능숙한 오른손잡이가 될 수 없다. 재주 있는 손을 갖기 위해서는 실제로 자주 사용하고 연습해야 한다. 능숙한 손으로 만들고 싶다는 마음이, 지금까지 서투름으로 인해 느꼈던 불편함보다 더욱 강하게 느껴져야만 한다.

만약 아이가 열심히 노력해서 장애를 극복하려 한다면 불편함을 없애겠다는 것 이외에 다른 목표가 있어야만 한다. 즉, 현실에 대한 관심,

다른 사람에 대한 관심, 협동에 대한 관심에 기초를 둔 목표여야 한다.

유전적인 요인과 그 영향에 관한 좋은 예를 한 가족을 통해 볼 수 있다. 수뇨관 이상으로 인해 고민하는 가족이 있는데 그 아이들은 야뇨증으로 매우 고민하고 있었다. 그런 경우 기관은 정말 이상이 생긴 것이다. 그런 이상은 대개 신장이나 방광이나 척추의 분열이라는 증상에 의해서 나타난다. 그 부분의 피부에 태어나면서부터 반점이 있는 것을 보면서 요추 부분의 불완전함 때문이라고 추측할 수도 있다.

그렇지만 야뇨증은 반드시 열등한 기관에 의해서만 설명되는 것은 아니다. 아이는 그 기관에 지배를 받고 있는 게 아니라 그 나름대로의 방법으로 모든 기관을 이용하고 있다.

가령 어떤 아이들은 밤에는 오줌을 누지만 낮에는 결코 그런 일이 없다. 이 습관은 종종 환경이나 부모의 태도가 변했을 때 사라진다. 지적 장애아인 경우는 별도로 하고, 야뇨증은 아이가 자신의 불완전한 기관을 뭔가 다른 목적을 위해 사용하는 걸 그만둔다면 극복될 수 있다.

하지만 야뇨증으로 시달리고 있는 아이들은 주로 그 문제가 극복되도록 자극받지 않고 단지 그 일을 계속해 가도록 자극받는다. 현명한 어머니만이 올바른 훈련을 시킬 수 있다. 만일 어머니가 미숙하다면 불필요한 약점이 계속 남게 된다. 신장이나 방광 장애로 고생하는 가족을 보면 배뇨에 관한 일이 지나치게 강조되고 있음을 볼 수 있다. 그런 경우의 어머니는 야뇨증을 고쳐 주기 위해 잘못된 훈련을 시키고 있는 셈이다.

아이가 이런 행동들에 얼마만큼의 가치가 주어지고 있는지를 깨닫는다면 그는 즉각 반항할 것이다. 또 아이가 어머니의 행동에 반항한다면 그는 언제든 어머니의 최대 약점을 찔러 공격하는 방법을 발견하게 될 것이다.

협력하도록 훈련되지 않은 아이

우리 인생의 최고 목표에 도달할 수 없다는 사실에 대해서 아무도 염려하지는 않으리라. 그렇게 된다면 모든 일은 성취될 수 있으며 만사가 미리 예정되어 버릴 것이다. 그 후로는 예기치 않았던 기회를 한 번도 가질 수 없게 된다. 장래에 기대하는 일은 아무것도 없게 된다. 인생이 그렇게 간단하게 연속되지 않는다는 사실은 엄밀히 말해 우리에게 행운이다.

어떤 외계의 방문자가 지구라는 혹성을 관찰한다고 상상해 보자. 그는 반드시 다음과 같은 결론을 얻을 것이다. '각종 조직이나 제도를 만들고 안전을 위해서 모든 노력을 기울이며, 비를 피할 목적으로 집을 짓고 몸을 따뜻이 하기 위해 의복을 만들고, 여행을 낙으로 삼기 위해 길을 만든 인간들은 확실히 자기 자신을 지상의 모든 생물 중에서 가장 약하다고 느끼고 있음에 틀림없다'라고.

사실 어떤 의미에서 인간은 모든 피조물 가운데 가장 약하다. 우리는 사자나 고릴라와 같이 강한 힘을 갖고 있지 않다. 이에 비해 다른 동물들은 생존하기 위해서 숱한 위험에 혼자 맞서는 일에 매우 빨리 적응한다.

어떤 동물들은 자기의 약함을 집단에 의해서 보호받는다. 즉, 그들은 무리를 지어서 생활한다. 그런데 인간은 세계의 다른 곳에서 발견할 수 있는 어떤 종들보다도 훨씬 복잡하고 깊은 협동을 필요로 한다.

인간의 자손은 특히 약하며 수년에 걸친 도움과 보호를 필요로 한다. 협력하지 않으면 환경에 완전히 굴복해 버릴 수도 있다는 뜻이다. 어떠한 인간도 한때는 가장 약하고 어렸던 적이 있다.

이런 점을 생각하면 모든 면에 있어서 협력하도록 훈련되지 않은 아이는 결국 고정적인 열등감과 비관주의를 가질 수밖에 없게 된다는 사실이 이해된다. 또한 우리의 인생이, 가장 협력적인 사람에게조차 여러 가지 문제를 계속 제기한다는 사실도 이해하게 된다.

어떤 개인도 우월이라는 자기의 궁극적인 목표나 환경을 완전히 지배하려는 목표에 도달하는 위치까지 다다를 수는 없다. 인생은 너무 짧으며 우리의 육체는 너무도 약하다. 그러나 다행히도 인생의 세 가지 문제에는 언제라도 풍부하고 충실한 해결책이 있다.

우리는 언제나 한 가지 해결책에 가까이 갈 수는 있지만 자기가 달성한 바에 계속 만족한 채 머무를 수는 없다. 협력은 어떠한 경우에도 계속된다. 협력적인 개인의 경우에는 우리가 공동으로 처해 있는 상황을 개선하려고 노력하며, 희망으로 가슴이 벅차고 공헌으로 가득 차게 된다.

나의 견해로는 우리 인생의 최고 목표에 도달할 수 없다는 사실에 대해서 아무도 염려하지는 않으리라고 본다. 만일 우리가 이제 더 이상의 어떠한 역경도 없는 위치에 도달했다고 상상해 보면, 그런 상황에 있는 인생이란 지극히 따분하리라 생각된다.

그렇게 된다면 모든 일은 성취될 수 있으며 만사가 미리 예정되어 버릴 것이다. 그 후로는 예기치 않았던 기회를 한 번도 가질 수 없게 된다. 장래에 기대하는 일은 아무것도 없게 된다.

인생에 대한 우리의 관심은 주로 우리가 확신을 갖지 못하고 있는 데서 유래한다. 만일 우리가 만사에 확신을 갖고 모든 걸 다 알고 있다면 결국 토론이나 발견 따위는 없을 것이다. 과학도 종말에 다다라 우리 주위의 우주도 지나치게 반복되는 이야기에 지나지 않을지 모른다.

달성될 수 없는 목표를 위해 우리에게 용기를 불어넣어 주는 예술이나 종교 역시도 아무런 의미를 갖지 않게 될 것이다. 인생이 그렇게 간단하게 연속되지 않는다는 사실은 엄밀히 말해 우리에게 행운이다.

인간의 여러 가지 노력은 계속되고 우리는 항상 새로운 문제를 발견하고 발명할 수도 있으며, 협력과 공헌을 위한 새로운 기회를 만들어 내는 일도 가능하다.

정신병 환자들은 처음부터 움직임이 통제되어 버린다. 인생 문제에 있어서 그가 내리는 해결은 저급한 수준에 그치며 따라서 그가 받는 어려움도 가중된다. 하지만 정상적인 사람은 자기가 부딪치는 모든 문제에 대한 해답을 뒤로 하고 새로운 역경과 과감히 맞서며 즉각 해결에 도달할 수 있다.

이런 식으로 해서 그는 타인에게 공헌할 수가 있으며, 타인에게 뒤지지 않고 주위 사람에게 신세를 지지도 않는다. 그는 특별한 배려를 필요로 하지 않으며 요구하지도 않는다. 오히려 그는 용기와 자립심을 갖고 사회 감정을 조화시켜 나가면서 자기의 문제를 해결하기 위해 전진해 간다.

우월이라는 목표는 개개인에게 있어서 매우 개인적이며 독창적인 것이다. 그 목표는 한 사람이 인생에 부여한 의미에 의존한다. 그리고 이 의미란 언어의 문제가 아니다. 그 사람의 독특한 인생 방식 속에서 만들어지며, 스스로 창작한 기묘한 멜로디처럼 인생을 관통하여 울려 퍼진다.

그는 자기의 인생 방식 속에서의 목표를 한 번에 도식화할 수 있다는 듯이 표현하지 않는다. 그는 막연하게 표현하기 때문에 우리는 그가 주는 시사점에서 추측해 내야만 한다. 인생 방식을 이해하는 일은 시인의 작품을 이해하는 것과 비슷하다. 시인이 사용한 언어에 담긴 의미는 그가 사용한 언어 이상의 것이다. 이야기하고자 하는 바의 대부분은 독자들의 상상과 추측에 맡겨진다. 우리는 시 한 구절 한 구절 사이의 여백을 읽어 내야만 한다.

마찬가지로 개개인의 인생 방식도 매우 복잡한 조화의 묘미라고 할 수 있다. 심리학자는 시의 구절과 구절 사이의 여백을 읽는 법을 배워야만 한다. 인생의 의미를 맛보는 기량을 배워야만 하는 것이다.

인생의 의미란 인생의 최초 4~5년 사이에 만들어진다. 게다가 그 의미는 수학적인 과정에 의해 도달되는 게 아니라 목적도 없이 더듬어 보

는 손놀림에 의해서, 완전히 이해되지 않은 감정에 의해서, 암시를 받고
설명을 구하며 만지작거리는 손놀림에 의해서 만들어진다.

우월이라는 목표도 마찬가지로 손의 더듬거림과 추측에 의해서 결정
된다. 그것은 동적인 경향이며 생명을 건 탐구라 할 수 있다. 지도 위에
보인다거나 지리학적으로 결정되는 게 아닌 것이다.

아무도 자기의 우월 목표를 확실히 알지 못한다. 비교적 분명히 드러
나는 개인의 직업적 목표는 다양한 목표 중의 일부분에 불과하다. 게다
가 목표가 구체적으로 보이는 경우라 할지라도 그 목표를 위해 노력을
기울이는 방법은 수없이 변할 수 있다.

가령 의사가 되고 싶은 어떤 사람이 있다고 하자. 의사가 되고 싶다는
바람은 상당히 많은 의미를 내포하고 있다. 그는 내과 전문의라든가 아
니면 생물학 전문가가 되고 싶을 수 있다. 그는 여러 가지 활동을 통해
서 자기 자신이나 타인에 대한 나름대로의 독특한 관심을 나타낼 것이
다. 우리는 그가 어느 정도까지 동료에게 도움이 되려고 훈련을 하는지
또 어느 정도까지 타인을 도울지에 대한 한계를 정하는지 보게 된다.

그는 이런 목표로서 특정한 열등감에 대해 보상하고자 한다. 우리는
그의 직업 혹은 다른 분야에서 드러나는 모습을 통해 그가 보상하려고
하는 특정한 감정을 추측할 수 있어야 한다.

우리는 간혹 의사들이 매우 어린 시절에 죽음에 대한 사실을 이미 알
고 있었다는 점을 발견한다. 죽음은 그들에게 인간의 불안적인 요소들
중에서 가장 충격적인 인상을 준 경우가 많다. 아마도 그들의 형제나 부

모가 죽었던 경험이 있을 것이다. 그리하여 그들이 나중에 받는 훈련은 자신을 위해서건 타인을 위해서건 죽음에 대해 더욱 확실한 길을 찾는 방향으로 계속 나아가게 한다.

다른 누군가는 교사가 되는 일을 자기의 구체적인 목표로 삼는다. 그러나 우리가 잘 알고 있듯이 교사들도 실로 여러 유형이 있다. 만약 교사가 저급한 정도의 사회 감정밖에 갖고 있지 않다면, 교사가 되겠다는 그의 우월 목표는 자기보다 열등한 사람들 사이에서 지배적인 위치에 있고 싶다는 의미일 수도 있다.

반면 고도의 사회 감정을 갖고 있는 교사는 자기의 제자들을 동등한 사람으로 취급한다. 따라서 그는 인류의 복리에 진심으로 공헌하기를 바란다. 우리는 여기서 교사들의 능력이나 관심이 얼마나 다를 수 있는지, 또 이러한 모든 표현이 그들의 목표에 얼마나 중요한지에 대해 설명하는 것만으로 충분하다.

하나의 목표가 구체적이 되면 개인의 무한한 잠재력은 이 목표에 적합하게 축소되고 한정되지 않으면 안 된다. 하지만 목표 전체, 그 원형은 항상 이러한 한계를 조정하여 어떤 상황 아래에서라도 인생에 부여한 의미와 우월감을 잡기 위한 궁극적인 이상을 표현하려 든다. 그러므로 우리는 모든 개인들이 표현하는 그 이면의 것을 보아야 한다.

개개인은 자기의 목표를 구체적으로 할 때 그 방법을 변화시킬 수도 있다. 그것은 마치 그가 자신의 구체적인 목표의 하나인 직업을 바꾸는 일과 같다. 우리는 이때도 역시 저류를 이루는 인격의 통일된 일관성을 탐구해 내지 않으면 안 된다. 이 일관성은 모든 표현 속에 정착해 있다.

정삼각형을 여러 가지 다른 위치에 놓고 볼 때 삼각형의 모양은 언제나 똑같다는 사실을 발견하게 된다. 항상 공통적으로 일치되는 원형이라고도 할 수 있다. 그 내용은 하나의 표현에 의해서는 결코 다 표현해낼 수 없으며, 단지 원형을 모든 표현들 속에서 인정할 수 있을 뿐이다.

모든 표현은 문제 해결에 도움이 된다

기억이 정확한지 아닌지는 별로 중요하지 않다. 중요한 점은 그런 기억
이 그 개인의 판단을 보여 준다는 사실이다. 예를 들어 '아이 때부터 나는
이러한 인간이었다'라든가 '아이 때부터 나는 인생을 이런 것이라고 생각
했다'라는 자기 자신에 대한 판단을 알아낼 수 있는 것이다. 모든 기억 중
에서 가장 계시적은 것은 그가 기억해 낼 수 있는 최초의 사건이다.

우월한 입장에 도달하기 위한 인간의 노력은 그 사람의 인격 전체를
아는 열쇠가 되기 때문에, 그로부터 우리는 개인의 모든 정신생활과 만
날 수 있다. 이 사실을 인식하는 것은 개개인의 인생 방식을 이해하려는
우리의 과제에 두 가지 커다란 도움을 준다.

첫째, 우리가 선택하는 어떤 곳에서나 출발할 수 있다.

모든 표현은 우리들이 같은 방향을 돌며 인격이 형성되는 유일한 동
기와 유일한 특수성으로 이끌어 간다.

둘째, 우리에게는 막대한 양의 재료가 주어져 있다.

모든 언어, 생각, 행동이 우리 인간의 이해에 도움이 된다. 우리가 어

떠한 하나의 표현에 대해서 너무 성급하게 생각할 때 범하게 되기도 하는 과오 역시도 수없이 많은 다른 표현에 의해서 다시 생각되고 시정될 수 있다.

우리는 어떤 표현의 의미에 대해, 그 의미가 전체 속에서 차지하고 있는 역할을 이해할 때까지 단적으로 결정 내릴 수 없다. 그렇지만 결국 모든 표현은 같은 바를 말하고 있으며 문제의 해결에 도움을 준다. 우리는 토기의 파편, 도구나 건물의 파손된 벽, 파괴된 기념비나 파피루스의 파편 등을 발견하고 그 부분들을 근거로 이미 소멸된 것들을 다루는 일을 하지 않는다.

인간의 내적으로 조직화된 모든 측면, 즉 우리 앞에 그 자신의 의미를 부단히 새롭게 드러내는 살아 있는 인격과 맞서는 것이다. 그렇지만 인간의 이해는 그리 쉬운 일이 아니다. 개인심리학은 배우고 실천하기가 가장 어려운 학문일지도 모른다.

우리는 언제나 전체를 향해 귀를 기울여야만 하고, 진짜 열쇠가 스스로 명확해질 때까지 회의적이지 않으면 안 된다. 우리는 저마다의 매우 사소하고 다양한 특징들을 관찰해야 한다. 그 사람이 방에 들어오는 방법, 인사나 악수하는 모습, 웃음, 걸음걸이 등등으로부터 힌트를 얻어내야 하기 때문이다.

우리가 어떤 하나의 측면만 생각하면 그것만 가지고는 갈팡질팡하게 된다. 다른 여러 가지 면을 확인함으로써 시정하고 확증하는 단계를 거쳐야 하는 이유이다.

가령 우리가 그를 이해했다고 느낀다 해도, 그 역시 이해하지 않은 것이라면 우리가 옳다고 보증할 수 없다. 함께 통하지 않는 진리는 결코 전체적인 진리가 될 수 없다. 그것은 우리의 이해가 충분하지 않았다는 사실을 보여 준다. 아마 이 점을 오해하여 다른 학파는 부정적이거나 혹은 긍정적인 '감정전이'라는 개념을 끌어냈을 것이다.

이는 개인심리학적 치료에 있어서는 한 번도 나타난 적이 없는 요인이다. 응석을 부리는 데 익숙해져 있는 환자는 단순히 애정을 획득하기 위한 자신의 안이한 방법을 사용하고 있는 것일 수 있다. 그렇지만 지배하기를 원하는 바람이 있다면 아무리 심층에 숨겨져 있다 할지라도 명확하게 드러나게 된다.

만약 우리가 그를 가볍게 보고 넘긴다면 그는 즉시 적의를 나타낸다. 그렇게 되면 치료를 그만둘 수도 있고 반대로 자기를 정당화하고 상대가 후회하도록 만들기 위해서 치료를 계속하기도 한다.

우리가 그를 받아 준다거나 또는 가볍게 무시하는 행동은 그를 돕는 일이 되지 못한다. 우리는 한 명의 친구를 대하는 한 사람의 인간으로서 그에게 관심을 보여야만 한다.

어떠한 관심도 그보다 진실할 수도 혹은 객관적일 수도 없다. 우리는 그 자신의 이익을 위해 또 다른 사람들의 행복을 위해 그의 과오를 발견하는 일에 협력해야만 한다. 이 목적을 잘 기억한다면 감정전이를 재촉하는 일 같은, 권위자로서의 포즈를 취한다거나 그를 의존적이고 무책임한 사람이 되게 하는 위험스러운 잘못을 저지르지 않고 치료를 끝낼 것이다.

치료 행위는 협동의 실천이며 협동의 테스트이다. 다른 사람에게 순수한 관심을 가질 때에만 비로소 치료에 성공할 수 있다. 눈으로 보고 귀로 들을 수 있어야만 하는 것이다. 그는 우리의 공통 이해를 위해서 자신의 분량만큼 공헌하지 않으면 안 된다. 우리는 이와 함께 그의 태도나 역경을 해명해야만 한다.

사람들의 심적 표현 속에서 가장 계시적인 것은 개인의 기억이다. 그의 기억은 그의 주변, 다시 말해 그 자신의 모든 한계나 모든 상황의 의미를 생각나게 한다. 우연한 기억이란 없다. 개인이 받는 무수한 인상 가운데서 사람들은 어렴풋하게나마 자신의 상황에 관계가 있다고 느끼는 것만을 기억하도록 선택한다. 이와 같이 사람의 기억은 그의 '생애 이야기'를 대표한다.

이 이야기를 자기 자신에게 반복하여 들려주는 이유는 자신에 대한 경고 혹은 위로를 위해서이다. 또한 자기의 목표를 향해 스스로를 계속 집중시키고, 과거의 경험에 의해서 이미 시험해 보았던 활동 태도를 표준 삼아 미래에 직면하게 될 자신을 준비하기도 한다.

기분을 안정시키는 데 기억이 도움이 된다는 사실은 일상적인 행동에서도 확실히 볼 수 있다. 만약 어떤 일에 실패하여 낙담한 사람은 그이전에 경험했던 패배를 곧잘 떠올리게 된다. 만약 그가 우울하다면 그의 기억도 모두 우울하다. 반대로 그가 기분이 좋고 용기로 꽉 차 있을 때에는 전혀 다른 기억을 선택한다. 그가 생각해 내는 내용은 즐거워서 그의 낙천주의를 확인해 준다.

이와 같은 방법으로 만약 그가 어떤 문제에 직면해 있다고 느낀다면 그는 그 일을 해결하는 데 도움이 되는 기억을 불러 모으게 된다. 이런 식으로 해서 기억은 꿈과 매우 비슷한 역할을 한다. 어떤 일을 결정해야 하는 상황이 되었을 때 많은 사람들은 그들이 무사히 합격했던 시험에 대한 꿈을 꾼다. 그들의 결정을 시험이라는 과거의 사건과 나란히 놓고서 이전에 성공했을 때의 기분을 다시 한 번 창출해 내려 하기 때문이다.

개인의 인생 방식 속에서 여러 가지로 생겨나는 기분에 대해 말할 수 있다면 그 기분의 일반적인 구조와 균형에 대해서도 말할 수 있다. 우울증 환자가 자기가 즐거웠던 순간이나 여러 가지 성공했던 일을 기억하고 있다면, 계속 우울증에 빠져 있을 수는 없다. 그는 스스로에게 '나는 평생 동안 불행하기만 했다'라고 말하지 않으며 자기가 해석할 만한 사건들을 선택한다.

만약 어떤 사람의 우월 목표가 '다른 사람들은 언제나 나를 모욕한다'라고 느끼도록 요구한다면 그는 자기가 치욕스럽다고 해석할 만한 사건을 선택해서 기억하게 마련이다.

초기의 기억은 특별히 중요성을 띤다. 첫째, 그 기억은 특정한 인생 방식을 갖게 된 근원을 가장 단순한 표현으로 보여 준다.

우리는 그러한 기억에서 아이가 응석받이로 자랐는지, 무시당하고 있었는지, 다른 사람과 어느 정도로 협동하도록 훈련받았는지, 어떤 문제를 겪었는지, 그런 문제들과 어떻게 싸워 왔는지를 판단할 수 있다.

시력이 나빠서 괴로움을 당하고 물건을 좀 더 가까이에서 보도록 훈련받은 아이들의 초기 기억을 보면 시각적 성격의 모든 인상을 발견할 수 있다. 그의 기억은 '나는 주위를 둘러보았다'로부터 시작되곤 하며 주로 색깔이나 형체에 대한 내용이 대부분이다. 운동 기능에 지장이 있어서 걷고 달린다거나 도약해 보고 싶다고 생각한 적이 없는 아이의 기억 속에서도 그러한 관심이 두드러지게 나타난다.

어린 시절부터 기억되고 있는 사건은 그 개인의 주된 관심사와 매우 가깝다. 우리가 그의 주된 관심사를 알게 된다면 우리는 그의 목표나 인생 방식도 알 수 있다. 초기의 기억을 매우 가치 있는 것으로 평가하는 이유는 이 때문이다. 또한 우리는 기억 속에서 그의 부모와 가족에 대한 관심도 발견 가능하다.

기억이 정확한지 아닌지는 별로 중요하지 않다. 무엇보다 중요한 점은 그런 기억이 그 개인의 판단을 보여 준다는 사실이다. 예를 들어 '아이 때부터 나는 이러한 인간이었다'라든가 '아이 때부터 나는 인생을 이런 것이라고 생각했다'라는 자기 자신에 대한 판단을 알아낼 수 있다.

모든 기억 중에서 가장 계시적은 것은 그가 기억해 낼 수 있는 최초의 사건이다. 최초의 기억은 그 개인의 근본적인 인생 방식과 그의 삶 가운데 최초로 만족스러웠던 결정을 보여 준다. 그 기억은 그가 무엇을 자기 발달의 출발점으로 삼았는가를 한눈에 보도록 해 준다.

때로 사람들은 어떤 사건이 처음이었는지 기억하지 못하겠다면서 대답을 회피하기도 하고 혹은 고백하지 않는 경우도 있는데, 그 자체도 하나의 계시가 된다. 우리는 그들이 자기의 근본적인 의미에 대해 논하고 싶어 하지 않는다는 사실, 그리고 협력할 생각이 없다는 사실을 추측할 수 있다.

사람은 인생 방식을 강화하려는
모든 수단을 준비한다

꿈의 해석은 항상 개인적이다. 상징이나 은유를 어떤 공식에 의해 해석하는 일은 불가능하다. 왜냐하면 꿈은 각 개인의 독특한 인생 방식에 의해서 그 자신의 해석으로 만들어진 창조물이기 때문이다. 우리가 꿈에 있어서 고려하지 않으면 안 되는 점은 꿈이 남긴 잔상과 인생 방식 전체와의 일관된 관계이다.

인간은 자기의 마음속에 인생 방식을 만들어 놓고 그 방식을 고정하고 강화하기 위한 모든 수단을 준비하고 있다. 그중 매우 중요한 한 가지는 감정을 북돋우는 능력이다. 사실 우리는 이 일에 밤낮으로 매달려 있는데 그것이 보다 명료해지는 때는 아마 밤중일 듯하다. 우리가 자기 자신의 꿈에 의해 스스로를 달래는 경우의 예를 들어 보자.

전쟁 중에 나는 신경증에 시달리는 병사들이 있는 병원의 원장을 맡고 있었다. 그곳에는 전쟁에 나갈 수 없는 병사들이 있었는데, 나는 그들에게 비교적 마음에 드는 일거리를 줌으로써 가능한 한 그들을 돕고자 했다. 그렇게 해서 병사들의 심한 긴장감이 제거되었기 때문에 이 방법은 꽤 여러 번 성공을 거두었다.

그러던 어느 날 한 병사가 나를 찾아왔는데 그는 내가 본 사람 가운데서도 가장 체격이 좋고 건장한 병사였다. 그는 매우 침울해 있었으므로 나는 그를 진찰하면서 어떻게 하면 좋을지를 생각하게 되었다.

나는 물론 나를 찾아온 모든 병사를 집으로 돌려보내고 싶었다. 하지만 나의 추천은 상급 사관의 검열을 통과하지 않으면 안 되었기 때문에 나의 자선 행위는 한정될 수밖에 없었다. 이 병사의 경우에는 결단을 쉽게 내리지 못하였으나, 때가 왔다고 느꼈을 때 나는 그에게 말했다.

"자네는 신경증적이지만 매우 튼튼하고 건강해. 자네가 전선에 나가지 않도록 비교적 재미있는 일을 주겠네."

그러자 그 병사가 무표정한 얼굴로 말했다.

"나는 가난하기 때문에 학생들을 가르쳐서 나이 드신 부모님을 모시지 않으면 안 됩니다. 만약 내가 가르치는 일을 못하게 되면 부모님은 돌아가시게 됩니다."

나는 그에게 더 만족스러운 일, 즉 집에 돌려보내서 사무실에서 일을 하게 해야만 한다고 생각했다. 그렇지만 이런 추천을 하면 상급 사관이 화를 내며 그를 전선으로 보내 버리지는 않을까 걱정이 됐다. 결국 나는 내가 정직할 수 있는 일만을 하자고 결심했다. 나는 그가 보초 역할밖에 적합하지 않다는 사실을 증명하려고 했다.

그날 밤 집에 돌아와서 잠자리에 들었을 때 나는 무서운 꿈을 꾸었다. 꿈속에서 나는 살인자가 되어 어둠 속의 좁은 거리를 돌아다니며 누구를 죽였는지 생각해 내려 했다. 누구를 죽였는지는 생각나지 않았지만, 나는 '살인죄를 범했으니까 이제는 틀렸다. 내 인생은 끝났다. 모든 것은 끝나 버렸다'라고 느꼈다. 그렇게 꿈속에서 멈춰선 채로 식은땀을 흘리고 있었다.

잠에서 깨었을 때 맨 처음으로 떠올랐던 생각은 '내가 누구를 죽였을까?'라는 것이었다. 그러자 다음과 같은 생각이 떠올랐다. '내가 그 젊은 병사를 사무실에서 일하도록 해 주지 않는다면, 그는 전선에 보내져서 전사할지도 모른다. 그렇게 된다면 나는 살인범이 되는 것이다'라고.

여기서 내가 나 자신을 기만하기 위해서 어떻게 감정을 야기했는지 알 수 있다. 나는 살인범이 아니었고 그런 비극이 정말로 일어난다 해도 나에게 죄가 있는 것은 아니다.

하지만 나의 인생 방식은 위험한 일이 일어나도록 내버려 둘 수가 없었다. 나는 의사이다. 나는 생명을 위험에 빠뜨리는 것이 아니라 구해내야만 한다. 따라서 내가 그에게 더 마음에 드는 일을 주려 했을 때 상사가 그를 전선에 보내 버리면 어쩌나 하는 생각에 괴로웠다.

결국 내가 그에게 도움을 줄 수 있는 유일한 길은 상식의 법칙에 따르는 일이며, 그 일이 결코 나의 인생 방식에 구애되지는 않으리라는 데 생각이 미쳤다. 나는 그가 보초 업무에 적합하다는 증명서를 발급했다.

이 일의 결과는 상식에 따르는 것이 언제나 좋다는 사실을 확인시켜 주었다. 처음엔 상사가 나의 추천장을 읽고 그것을 말소시켜 버렸기 때문에 일이 잘못된 줄 알았다. 그래서 '드디어 저 병사를 전선에 보내는가 보다. 그에게 사무 업무를 주었어야 했는데' 하고 낙담했다.

그런데 뜻밖에도 상사가 '6개월간 사무직'이라고 썼고, 뒤늦게야 이 상사가 그 병사에게 좋은 일을 주도록 매수되어 있었다는 사실을 알게 되었다. 그 청년은 그때까지 한 번도 다른 사람을 가르친 적이 없었으며 그가 말한 내용 모두는 사실이 아니었다. 그는 다만 내가 편한 일을 그에게 주어 매수된 상사가 내 추천장에 서명할 수 있게 하기 위해 이야기를 꾸며 댔던 것이다.

그 날 이후 나는 꿈을 꾸지 않는 게 오히려 낫겠다는 생각을 했다. 꿈이 우리를 속여서 어떤 일을 의도적으로 만들도록 기도된다는 사실은, 꿈이 좀처럼 이해되지 않는 것이라는 사실을 뒷받침해 준다. 꿈에는 많은 변주(變奏)가 있지만 어떤 꿈이나 개인에게 직면한 독특한 상황을 감안해서 인생 방식의 강화가 필요하다고 느껴지는 곳에서 나타난다.

만약 우리가 꿈을 이해하게 된다면 꿈은 우리를 속일 수 없게 된다. 꿈은 우리에게 감정이나 기분을 불러일으킬 수 없게 된다. 우리는 상식적인 방법으로 나가도록 선택해야만 하며, 꿈이 제시한 길을 거부해야만 하는 것이다. 만약에 꿈이 이해되어 버리면 꿈의 목적은 상실되고 만다.

하지만 꿈의 해석은 항상 개인적이다. 상징이나 은유를 어떤 공식에 의해 해석하는 일은 불가능하다. 왜냐하면 꿈은 각 개인의 독특한 인생 방식에 의해서 그 자신의 해석으로 만들어진 창조물이기 때문이다.

이제부터 전형적인 꿈의 형태를 몇 가지 간단하게 언급하려고 한다.

나는 여기서 개인적인 해석을 하려는 것이 아니라, 오로지 꿈의 해석과 의미 탐구에 도움이 되는 데 초점을 맞추었다.

많은 사람이 하늘을 나는 꿈을 꾼 경험을 갖고 있다. 이런 꿈을 이해하는 열쇠는 다른 경우와 마찬가지로 그 꿈이 불러일으킨 감정이다. 이러한 꿈은 잠을 깬 뒤에까지 둥둥 떠다니는 듯한 기분과 용기를 남긴다. 꿈속에서의 그 경험은 우리 마음을 고양시켜 준다. 역경을 극복하고 우월의 목표를 향해 노력하는 일이 매우 쉽다고 묘사해 보여 주는 것이다.

이런 꿈은 용기 있는 사람, 진취적이고 야심 찬 사람, 잠자고 있을 때조차 자기의 야심을 버리지 않는 사람을 추측하게 한다. 이런 꿈은 '나는 계속 앞으로 나아가야 하는가 말아야 하는가?'라는 질문을 동반하고 있다. 꿈으로부터 암시되는 대답은 '전진해도 어떠한 장애도 없다'이다.

또 많은 사람들이 흔히 어딘가에서 떨어지는 꿈을 꾼다. 이는 실로 주목해야 할 꿈이다. 이는 인간의 심리가 어려움을 극복하기 위해 노력하기보다는 자기 보존이나 패배의 공포에 더 많이 몰두해 있음을 보여 준다.

우리의 교육적 전통이 주로 아이들에게 경고를 주고 경계를 시켜 왔다는 점을 생각해 보면 이해가 쉽다. 아이들은 언제나 "의자에 앉아서는 안 된다" "말참견을 해서는 안 된다" "불에 가까이 가면 안 된다" 하는 식의 주의를 들으며 성장한다. 아이들은 언제나 위험하다고 말하여지는 것들에 둘러싸여 있다. 물론 정말 위험한 것도 있다. 그렇지만 한 개인을 겁쟁이로 만드는 일은 살아가면서 위험에 대처하는 데 결코 도움이 되지 않는다.

만약 어떤 사람이 움직일 수 없다거나 전차에 늦게 올라타는 꿈을 자주 꾼다면, 보통 그 의미는 '이 문제가 나에게 아무런 번거로움도 주지 않고 그냥 지나가 준다면 기쁘겠다. 나는 그 문제에 직면하지 않기 위해 길을 돌아서 가든지 늦든지 하지 않으면 안 된다'는 뜻이다. 전차를 떠나가게 하지 않으면 안 된다는 말이다.

많은 사람이 시험에 대한 꿈도 꾼다. 때로 사람들은 자기들이 꽤 나이를 먹고 나서 시험을 치르고 있는 모습을 보기도 하고 훨씬 옛날에 통과했던 시험을 다시 치러야만 하는 상황을 꿈에서 맞이하고 놀란다. 어떤 사람에게 있어 그 의미는 '당신은 눈앞의 문제에 직면할 준비를 할 수 없다'는 것이다.

다른 사람에게 있어서 그 의미는 '당신은 전에 이 시험에 통과했다. 그러니 현재 눈앞에 있는 시험도 통과할 것이다'와 같을 수도 있다. 어떤 개인의 상징이 다른 사람의 상징과 일치하는 일은 결코 없다. 우리가 꿈에 있어서 고려하지 않으면 안 되는 점은 꿈이 남긴 잔상과 인생 방식 전체와의 일관된 관계이다.

상처의 두려움을 극복하게 하는 치료

그런데 만약 부모의 행복한 결혼 생활이 아이에게 나쁜 영향을 주며, 불행한 결혼 생활은 더욱 나쁘다고 한다면 도대체 우리는 어떻게 해야 하는 것일까? 우리는 아이가 한쪽 부모에게 기울어지지 않도록 해야만 하며 또한 우리는 아이들이 처음부터 협력하도록 교육해야 한다.

열 살 된 남자아이가 진료소에 왔던 일이 있다. 소년은 학교 선생으로부터 꾸중을 듣고 있었다. 다른 아이들에게 심술궂게 행동하며 품행이 단정하지 못하다는 이유에서였다. 소년은 학교에서 다른 아이의 물건을 훔치고 훔친 물건을 다른 학생의 책상 속에 넣어서 비난받도록 한 적도 있었다.

그런 행위는 이 소년이 다른 아이를 자기의 수준까지 끌어내릴 필요가 있다고 느꼈을 때에만 가능한 일이다. 아이는 그들에게 창피를 주지 않으면 안 되었다. 그 이유는 자신이 아닌 그들 쪽이 더 심술궂고 품행이 나쁘다는 점을 증명하기 위해서였을 것이다.

만약 그런 행동이 아이의 고정된 품행이라면 아마도 가정에서 그렇게 훈련받았으리라는 사실, 그리고 가족 가운데 그 아이가 책임을 지우고 싶어 하는 누군가가 있으리라는 점을 추측할 수 있다.

아이는 길에서 임신한 부인에게 돌을 던져 문제를 일으킨 적도 있었다. 열 살이라면 임신하고 있다는 사실이 어떤 일인지 알고 있었을 것이다. 이를 통해 우리는 그 아이가 임신이라는 상태를 좋아하지 않았다는 점을 추측할 수 있다. 또한 여동생이나 남동생의 탄생에 대해 그가 기뻐하지 않았을지도 모른다는 가정을 확인해 보아야 한다.

교사에 의하면 아이는 '주위의 흑사병'이라 불리고 있었다. 아이는 주위 친구들을 괴롭히고 별명을 지어 부르며 그들의 흉을 보고 다녔다. 소년은 여자아이를 쫓아가서 때리기도 했다. 그 사실에서 아이가 경쟁하고 있는 대상이 다름 아닌 여동생이라는 사실을 알게 된다. 나는 아이가 두 남매 중의 맏아들이며 네 살 아래인 여동생이 있다는 것을 알았다.

어머니의 말에 따르면 아이는 여동생을 사랑하고 있으며 언제나 동생에게 잘 대해 준다고 했다. 이 말은 도저히 믿어지지 않는 이야기였다. 그런 아이가 자기의 동생을 사랑할 리가 없기 때문이다. 나중에 가서야 우리의 의문이 밝혀졌다.

어머니는 자신과 남편과의 관계를 매우 이상적이라고 주장했다. 바로 이 점이 아이에게는 커다란 불만의 하나였다. 확실히 부모는 자식의 잘못에 아무런 책임도 없어 보였다. 그렇다면 아이의 나쁜 행동은 그 자신의 나쁜 성품이나 운명에 의해서, 혹은 누군가 먼 조상으로부터 온 것일까.

우리는 이상적이라 불리는 결혼 생활을 하는 사람들을 볼 수 있다. 그런 경우 그렇게 훌륭한 부모 밑에 어떻게 그런 나쁜 아이가 있을 수 있는지 의문이 든다. 사실 교사, 심리학자, 변호사, 재판관들에게서도 이런 불운한 케이스가 많이 나타난다.

부모의 '이상적인 결혼 생활'은 이런 아이에게는 매우 곤란한 일이 되기도 한다. 아버지에 대해 헌신적인 어머니의 모습은 아이를 초조하게 만들 수도 있다. 아이는 어머니의 주의를 독점하고 싶어 하며 어머니가 다른 사람에게 조금이라도 애정을 보이는 일에 반발하기도 한다.

만약 부모의 행복한 결혼 생활이 아이에게 나쁜 영향을 주며 불행한 결혼 생활은 더욱 나쁘다고 한다면 도대체 우리는 어떻게 해야 한다는 것일까? 우리는 아이들이 처음부터 협력할 수 있도록 교육해야 하며, 아이가 한쪽 부모에게 기울어지지 않도록 해야만 한다.

우리가 고찰한 이 소년은 응석받이였다. 아이는 어머니의 관심을 받고 싶어 했고, 자기가 만족할 만큼 주의를 끌고 있지 않다고 느끼면 언제나 문제를 일으키는 방식으로 자신을 훈련하고 있었다.

여기에서도 우리는 이제까지 이야기해 온 바와 똑같은 사실을 확인하게 된다. 어머니는 아이에게 직접 벌을 주는 일이 없었다. 그녀는 남편이 돌아오기를 기다려서 아들을 혼내게 했다. 아마 그녀는 자기를 약한 사람이라고 믿고 있을 것이다. 그녀는 남자만이 명령하고 지배할 수 있으며 남자만이 벌을 줄 힘이 있다고 느낄지도 모른다.

어쩌면 그녀는 자기의 아이가 자기에게 애착을 가져 주기를 바라며 그 아이를 잃을까 봐 두려워하고 있을 수도 있다. 결국 그녀는 아이가 아버지에게 흥미를 갖고 협동하지 않도록 훈련시키고 있는 셈이다. 따라서 아버지와 아들 사이에는 마찰이 일어날 수밖에 없게 된다.

내가 그 아버지에게 아내나 가족을 사랑하느냐고 묻자, 그는 자기 아들 때문에 일을 마친 후 집에 돌아오기가 싫다고 말했다. 그는 자기 아들을 심하게 벌주고 때리는 경우가 자주 있었다.

반면 아이는 자기 아버지를 싫어하지는 않는다고 말했다. 그러나 이 말은 진실이 아니다. 아이는 지적 장애아가 아니기 때문이다. 소년은 자기의 감정을 매우 훌륭하게 숨기는 방법을 터득했다. 아이는 여동생을 사랑한다고 말하지만 동생과 사이좋게 논 적이 없고, 자주 동생을 윽박지르고 발로 차기도 했다.

그는 식당의 침대 겸용 소파에서 자는데 동생은 부모 방의 아동용 침대에서 잔다. 만일 우리가 이 소년과 같은 입장이 되어 본다면, 부모의 방 안에 있는 아동용 침대에 신경이 쓰이게 마련이다.

이 소년의 마음을 통해서 생각하고 느끼고 보도록 노력해 보자. 아이는 어머니의 주의를 자기에게 집중시키고 싶어 한다. 방에는 동생이 어머니 곁에서 잠들어 있다. 아이는 어머니를 자기와 가깝게 만들기 위해서 싸우지 않으면 안 된다. 우리는 이제 왜 소년이 임신한 여성에게 돌을 던졌는지에 대해 전보다 조금 더 이해하게 되었다.

소년은 건강했다. 그는 정상적으로 태어났으며 7개월까지 모유로 자랐다. 처음으로 우유병을 물렸을 때 그는 토했다. 아이의 구토는 세 살까지 계속되었다. 아마 틀림없이 아이의 위가 약했을 것이다. 지금은 잘 먹으며 영양 상태도 좋지만 아이는 계속해서 위장에 관심을 두어 왔다. 아이는 위장이 자기의 약점이라고 생각하고 있다.

아이는 음식에 대해서 몹시 까다로웠다. 어머니는 아이가 음식을 마음에 들어 하지 않을 때마다 돈을 주어 밖에 나가서 좋아하는 것을 사 먹도록 했다. 그럼에도 불구하고 소년은 동네를 돌아다니면서 부모님이 자기에게 먹을 것을 충분히 주지 않는다고 말하곤 했다.

이는 상습적인 소년의 계략이다. 그 계략은 언제나 똑같다. 우월감을 탈취하려는 그의 방식은 누군가를 상처 입히는 일이다. 아이의 목표는 다른 사람들의 최대 약점을 찌르는 일이었다. 우리는 지금에야 비로소 소년이 진료소에 왔을 때 이야기해 주었던 꿈을 이해할 수 있는 단계에 도달했다. 꿈의 내용은 이러했다.

"나는 서부의 카우보이였어요. 그들은 나를 멕시코로 보냈죠. 나는 미국으로 가는 길을 싸우면서 가야만 했어요. 어떤 멕시코 인이 덤볐을 때 나는 그의 위장 근처를 발로 차 버렸어요."

그 꿈의 감정은 '나는 적으로 완전 포위되어 있다. 나는 싸우지 않으면 안 된다'는 것이다. 미국에서 카우보이는 보통 영웅시된다. 소년은 사람들의 배를 발로 차는 행동이 영웅적이라 생각하고 있었다.

아이의 인생에서 위장이 중요한 역할을 하고 있음은 앞서 살펴본 바와 같다. 아이는 위장을 최대의 약점으로 생각하고 있는 것이다. 그 자신도 위장이 약하다는 점 때문에 고민하였으며 아이의 아버지도 신경성 위장 장애가 있어서 언제나 그 부분을 염려하고 있었다. 이 가족에게 위장은 가장 중요한 위치를 차지한다고 해도 과언이 아니다.

소년의 꿈도 그의 실제 행동도 매우 똑같은 인생 방식을 보여 준다. 아이는 현실을 꿈속에서처럼 생활하고 있다. 만일 이쯤에서 소년이 잠을 깨도록 할 수 없다면 그는 계속 똑같은 방식으로 살아갈 것이다.

그는 아버지나 동생이나 작은 아이들, 특히 여자아이들과 투쟁할 뿐 아니라 그의 이런 투쟁을 저지하려는 의사와도 싸우려 할 것이다. 그의 꿈은 자신이 전과 똑같은 길을 걷도록 하기 위하여, 즉 계속 영웅으로서 군림하고 타인을 정복하도록 자기를 자극하게 된다. 그리고 그가 어떻게 자기 자신을 기만하는지 모르는 한 우리는 그를 도울 수도 치료할 수도 없다.

소년의 꿈은 진료소에서 그에게 설명되었다. 그 꿈의 내용은 '나는 적의 나라에서 살고 있다. 나를 벌주거나 야단치는 모든 사람들은 나의 적이다'라는 식이었다.

소년이 진료소에 다시 왔을 때 나는 그에게 "이전에 우리가 만난 뒤 무슨 일이 있었지?" 하고 물었다. 아이는 "나는 줄곧 나쁜 아이였어요"라고 대답했다. 무슨 일을 했느냐고 묻자 "여자아이를 몹시 혼내 주었어요" 하고 대답했다.

이 말은 순수한 고백이 아니었다. 그 표현은 자만이며 일종의 공격이다. 진료소는 사람들을 좋은 사람이 되도록 만들려는 곳인데, 그는 자기가 스스로 나쁜 아이였다고 주장하고 있었다.

그 말은 '무엇이 좋아진다는 거야. 내가 당신의 위장을 발로 차 버렸는데' 하는 의미이다. 그러면 이제 어떻게 하면 좋을까? 소년은 또 꿈을 꾸고 있다. 소년은 아직 영웅으로서 연기하고 있다. 우리는 아이가 그 역할로부터 얻을 수 있는 만족감을 감소시키지 않으면 안 된다. 이럴 때 우리는 그에게 이렇게 말한다.

"네가 말하는 영웅은 여자아이를 혼내 주는 것이라고 생각하니? 그 행동은 나쁜 영웅주의를 흉내 낸 데 불과한 게 아닐까? 만약 네가 정말 영웅이 되려 한다면, 크고 힘이 센 여자아이를 혼내 주어야 하지 않겠니? 그렇더라도 애당초 여자아이를 쫓아다니며 혼내는 것은 크게 잘못된 일이란다."

이 방법은 치료의 한 부분이다. 우리는 그의 눈을 뜨게 해서 기존의 인생 방식을 계속 이끌어 나가지 못하도록 제지해야만 한다. '상대방의 수프에 침을 뱉는다'라는 격언처럼 해야 한다. 그래야 그가 자기의 수프를 좋아하지 않게 될 것이다.

또 하나의 측면은 그가 협동하며 인생의 유익한 측면에서의 의미를 추구하도록 용기를 갖게 하는 일이다. 유익한 측면에 머무름으로써 상처 입는 것은 아닐까 하는 두려움을 주지 않는다면, 누구도 인생의 무익한 측면을 선택하지는 않을 것이다.

Alfred Adler

알프레드 아들러의
생애와 사상

알프레드 아들러의 어린 시절

. . .

아들러는 1870년 2월 7일 오스트리아 빈 인근에 있는 루돌프샤인 (Rudolfschein)에서 헝가리계 유대인으로 4남 2녀 중 둘째로 태어났다. 그의 아버지는 곡물상으로 집안은 부유한 편이었다.

아들러는 어린 시절 몸이 약해 구루병, 질식, 발작, 폐렴과 같은 질병을 비롯해 수레에 치이기도 하는 등 죽을 고비를 여러 차례 넘겼다. 또 어린 시절 한 침대를 쓰던 남동생이 밤사이 죽은 것을 보는 충격적인 경험도 했다. 이렇듯 의사가 되겠다는 아들러의 결심은 자연스럽게 싹이 텄다.

한번은 그가 폐렴으로 인한 발작을 일으켜 의사의 왕진을 받게 되었을 때, 그 의사가 아버지에게 "아이가 살 가망이 없다"라고 말하는 것을 듣기도 했다. 아들러는 이때 자신은 그와 같은 비인간적인 의사는 되지 않겠다는 결심을 한다.

한편 재능이 뛰어난 형과의 갈등이나, 나중에 태어난 동생들에게 어머니의 관심이 급격히 옮겨 가는 경험은 추후 아들러의 정신분석학 이론 정립에 중요한 영향을 미친다.

몸이 약한 아들러에게 과잉보호에 가까운 관심을 쏟다가 동생이 태어나자 그 커다란 애정이 줄어들었으니, 아들러가 느낀 상실감은 더욱 배가되었던 듯하다. 이후 아들러는 아버지에게 인정과 사랑을 받기 위해 노력한다.

아들러는 몸이 약했기에 은연중에 신체적인 열등감을 갖게 되었으나, 이를 극복하기 위해 꾸준하고 체계적인 운동을 하며 힘을 길러 다른 친구들이 그를 함부로 하지 못하게 만들었다.

그리고 처음에는 학업에 있어서도 별다른 두각을 보이지 못해 한 선생님은 아들러의 아버지에게 구두 제조하는 일을 시켜 볼 것을 조언하기까지 했다. 그러나 아들러는 이 사실에 대해서도 역시 자신의 한계를 극복하는 계기로 삼았다.

그는 어린 시절 부정적인 일을 반복적으로 겪었음에도, 의기소침하게 자신감을 잃는 대신 오히려 인생의 자양분으로 삼았다.

빈 대학교에 진학한 아들러는 의학을 전공하면서 심리학, 철학, 정치학, 경제학, 사회학 등의 강의에도 출석하며 여러 분야를 두루 섭렵하였다. 전공 가운데는 특히 병리해부학에 흥미를 보였다.

그는 사회 문제나 사회적 위치에 대해서도 관심을 기울여, 가난한 급우의 숙제를 도와주거나 그들 집을 방문함으로써 사회적 제반 문제에 관한 적절한 경험도 쌓았다.

1895년 의사 시험에 통과한 아들러는 빈 병원에서 일하다가 1898년에 안과 전문의로 개업한다.

환자를 인격적으로 이해한 의사

• • •

아들러는 환자를 하나의 증례에 불과하다고 생각하지 않았다. 그는 병의 증상을 결코 별개로 생각하지 않고 늘 인격 전체로 이해하려고 했다. 또한 정신적 과정과 신체적 과정 사이에 있는 깊은 연관성을 이해하려고 노력했다.

그는 중금속을 응용해서 암을 치료하고자 연구하기도 했다. 언젠가 당뇨병 환자를 치료하면서 속수무책이었던 체험이 아들러에게 심각한 영향을 주었기 때문이다. 그저 환자의 죽음을 지켜볼 수밖에 없다는 죽음에 관한 무력감은 아들러를 몹시 괴롭혔다. 그로 인해 아들러는 일반 개업을 그만두고, 보다 원조 가능한 치료 분야에 뛰어들 것을 결심하고 신경학으로 전향하였다.

아들러는 바쁜 생활 가운데서도 다른 분야에 꾸준한 관심을 가졌다. 심리학과 철학 연구를 계속하는 동시에 사회과학에도 눈을 돌려, 인간을 전 인격적으로 이해하여 그 정신적 · 육체적 동일성과 사회적인 존재 양식을 이해하고자 했다. 사람의 개성에 대한 전체적인 이해는 인간의 정신적 과정을 이해하는 데 있어 커다란 도움이 되었다.

그러면서 아들러는 자연스럽게 정신의학에 흥미를 느끼게 되었고 마침내 신경학자이자 정신의학자의 길로 들어서게 된다. 아들러의 훌륭한 진단과 뛰어난 치료 능력은 그의 이름을 널리 알려, 많은 나라의 환자들이 아들러의 치료를 받기 위해 몰려들었다.

아들러는 자신의 업무에 충실한 가운데 사교적인 모임에도 빠지지 않았다. 특히 친구들과 어울리기를 좋아했는데 그럴 때마다 그의 표정은 더없이 즐거워 보였다. 그에게는 많은 친구들이 있었으며 가족들과의 관계도 매우 친밀했다. 아들러는 이러한 자신의 노력으로 옛날 자기가 느꼈던 불안을 과보상하고 싶었던 것이다.

아들러는 학문에 매진하는 가운데서도 가족, 친구, 일 사이의 균형을 조화로이 해 '사람'의 의미를 잊지 않았다. 제1차 세계대전이 발발하자 군의관으로 참전한 일도 그의 사회적 책임 의식과 인류애를 확장시켜 주었다.

정신과 의사가 된 아들러가 사회적 협력과 공동체 의식을 주장하고, 인간을 구분하거나 배제하는 것이 아니라 사랑으로 감싸며 해결책을 찾은 것은 자신이 겪은 경험을 승화시킨 까닭이다. 아들러가 국제적인 명성을 높게 얻은 가장 중요한 이유라 하겠다.

아들러의 결혼과 프로이트와의 인연

. . .

19세기가 끝나 갈 무렵 아들러의 삶에는 두 가지 커다란 변화가 일어난다. 하나는 결혼이고, 다른 하나는 프로이트를 만난 일이었다.

아들러의 아내는 라이사 엡스타인(Raissa Epstein)으로 당시의 소련에서 빈으로 유학 온 총명하고 열정적인 학생이었다. 결혼식을 올린 해는 아들러가 26세의 나이로 박사 학위를 받은 지 2년 뒤인 1897년이다. 라이사는 지적이며 자의식이 분명한 여성으로 아들러의 삶과 사상에도 중요한 영향을 끼쳤다.

1902년에는 드디어 프로이트와 인연을 맺게 된다. 아들러가 프로이트의 『꿈의 분석』을 서평한 것을 계기로, 프로이트는 오스트리아 빈에서 열리는 수요일 토론 모임인 〈빈 정신분석학회〉에 참가할 것을 권유한다. 프로이트의 학설에 흥미를 느꼈던 아들러는 프로이트 초기 학파의 일원이 되어 학회의 초대 회장을 맡기도 하고 프로이트 심리학파의 잡지 편집진에도 참가하며 활발한 활동을 하였다.

이로써 높은 평가를 받으며 이후 10여 년간 활동하지만, 아들러는 초창기부터 프로이트와 많은 점에서 견해를 달리하고 있었다.

프로이트는 성(性) 충동을 인간 행동의 근원으로 파악하였고, 아들러는 이를 모든 인간에 대해 일률적으로 적용시킨 데 대해 반박하였다. 아들러는 그러한 증상들은 절대적인 요인이 아니라, 개인적인 상황, 경험,

215

갈등 속에서 빚어진 부분에 불과하다는 견해를 가졌다.

아들러는 인간이 성적 동기보다 사회적 동기에 의해 더 큰 영향을 받는다고 보았으며, 인간의 행동과 발달을 결정짓는 것은 열등감과 무력감이라고 보았다. 열등감과 우월감은 아들러에 의해 최초로 사용된 용어로서, 그는 이 두 감정이 인간존재에 보편적이라고 생각했다.

인간에게는 열등감을 극복하려는 의지가 있으며 이를 보상 또는 극복해 남에게 인정받으려는 마음의 움직임이 우리를 행동하게 만드는 추진력으로써, 아들러는 이를 '권력에의 의지'라고 하였다. 아들러는 과거의 경험이 그의 미래를 규정짓는 것이 아니라 그가 경험을 어떻게 해석하느냐에 따라서 미래가 변화하는 것이라고 믿었다.

그리고 프로이트의 리비도 개념을 부정해서 오이디푸스 콤플렉스도 열등성을 극복하려는 의지의 표현으로 보았다. 아들러가 열등감과 우월감에 관심을 갖게 된 한 계기는 앞서 밝혔듯, 그가 어린 시절 겪은 질환에 따른 육체적 불편함과 형과의 갈등에 기인한다.

아들러는 성 충동을 중시하는 프로이트의 주장에 반대하여 점차 프로이트의 이론을 비판하는 입장으로 변하였고, 그로 인해서 수회에 걸친 심각한 토론을 벌이기에 이른다. '프로이트의 정신적 생활에 대한 비판'을 주제로 한 일련의 강의에서 자신의 입장을 표명한 아들러는, 1911년 8명의 다른 멤버와 함께 이의서를 제출하고 프로이트 학회에서 탈퇴한다.

두 사람의 학설에 관심을 가졌던 융은 그들의 결별이 두 심리학자만의 문제가 아니라, 프로이트와 아들러의 인생관 사이에 거리가 있음을 말해 주는 것이라고 지적했다. 종교에 대한 프로이트의 적대적 태도와 아들러의 호의적인 태도 역시도 둘 사이의 화해할 수 없는 간극을 보여 주는 사례라 하겠다.

이후 아들러는 8명의 회원과 함께 〈자유정신분석학회〉를 결성했다가 1912년 그 명칭을 〈개인심리학회〉로 변경했다. 이 연구 활동의 결과물로 저서 『신경증 기질(The Neurotic Constitution)』을 발표하였으며 1914년에는 《국제 개인심리학》 잡지를 창간했다.

1차 세계대전이 끝난 뒤에는 아이들의 교육에 관심을 갖기 시작하여 빈을 중심으로 한 전문 진료소를 22곳이나 열고 그 자신의 이론을 실천하기 위한 실험학교도 개설하였으나, 아들러가 유대인이라는 이유로 1932년 강제 폐쇄되었다.

개인심리학이란 무엇인가

. . .

'개인심리학'은 아들러가 직접 창안하고 이름 붙인 분야로 1912년『신경증 기질』에서 자신의 학설을 설명하면서 처음 밝혔다. 개인심리학은 개인의 사회적 감정에 중점을 두고, 인간존재에 보편적인 열등감과 무력감의 극복과 그 방향성에 힘을 쏟았다.

앞서 설명했듯 아들러는 성격 발달 과정에서 생물학적 유전보다는 사회 환경의 요인을 중요시했고, 여기에서 다시 개인차에 그 본질이 있다고 생각했다. 인간의 성격 형성은 개인적 욕구와 사회적 감정과의 일치 욕구라는 두 요소를 각자 다른 방식으로 받아들이기도 하고 거부하기도 하는 과정에서 개개인의 독특한 성격이 형성된다고 본 것이다.

여기에서 아들러는 열등감의 역할을 강조하며 우월감에 대한 욕구가 인간을 움직이는 최대의 동기라고 보았다. 열등감과 불안감은 주위 환경보다 더 우월해 보이는 목표를 설정토록 유도하고, 그 목표가 구체화되도록 돕는다. 부모의 주의를 끌려고 노력하는 신생아의 행동 역시 인정 욕구로서, 이 같은 열등감의 영향 속에서 성장해 가는 것이다.

아들러는 프로이트가 신경증의 원인으로서 성 충동을 중시한 데 반해서 성(性)이 아닌 자아의 욕구나 성격 경향이 신경증을 낳는다고 주장한 최초의 인물이었다. 또한 프로이트가 과거에서 원인을 구한 데 대해서, 인간은 거의 실현 불가능한 목표를 추구함으로써 신경증적으로 된다고 생각했다. 무엇보다 아들러는 신경증의 원인으로 문화적 요인을 최초로 언급하였음은 물론, 여성의 열등감이 사회적 지위에서 발생한다는 점도 지적하였다.

신경증적인 사람은 자기의 공상 속에서 우월감을 추구하다 보니, 사회적 감정이 미숙해진다. 신경증 환자들은 자신이 공상적인 권력의지에 사로잡혀 있다는 사실을 의식하지 못하기 때문에, 이 착각을 해소시켜 참된 자기 인식을 실현하고 인간적으로 공통되는 감정이 발달되도록 돕는 것이 신경증의 치료이다.

인간은 누구나 여러 가지 원인으로 열등감을 가질 수밖에 없으며 자기 긍정을 위해서는 보상되어야 하는데, 만일 보상될 수 없는 열등감이나 과도하게 보상된 열등감이 있으면 인격의 왜곡이 생긴다는 것이다. 아들러는 열등감에 대한 과다보상으로 뛰어난 업적, 반사회적 행동 등을 예로 들었다.

아들러는 열등감 극복을 위해 노력하는 과정에서 한 사람의 생활양식이 형성되어 가므로, 그 방향이 잘못되었을 때에는 이를 시정하기 위한 재교육이 중요하다고 보았다.

아들러에 의하면 성격 형성에 있어서 중심 역할을 하는 것은 권력의 의지이다. 예컨대 어른에게 의존해야만 생존이 가능한 유아는 성인에 대한 종속이라는 열등감을 보상하기 위해 권력의 의지를 추구하고, 여성은 남성에 대한 육체적·사회적 지위의 열등감을 보상하기 위해 남성적인 행동을 하려고 한다.

아들러는 인간 행동을 이해하는 데 있어서, 각자의 열등감에서 생기는 불만이나 불안감을 극복하는 권력의지로써 힘, 지배욕, 우월감을 본 것이다. 이 나약함을 극복하는 권력의지가 더 나아가게 되면 자아실현을 위한 '완성 충동'으로 개념이 확대된다. 이것이 '사회 감정'으로 발전하는 단계이다.

아들러에 의하면 프로이트가 성적으로 이해한 사상은 사실 우월과 열등이라는 권력 관계의 표현이다. 아들러는 인간의 기본 동기로서 '우월'을 향한 의지를 말하였는데 여기에서의 우월감이란 다른 사람보다 뛰어나다는 뜻이 아니라 자신의 가능성을 더 많이 실현한다는 의미이다.

한편 범죄심리학에 있어서도 아들러가 선구적인 연구를 한 학자로 알려져 있다. 그는 범죄에 대해 열등감과 비사교성을 이용한 이론을 전개하였으며, 열등감을 가진 청소년이 그 감정을 과도하게 보상받기 위해 타인의 이목을 끄는 행동이 비행이라고 보았다.

이와 관련하여 아들러는 아이들이 뼈아픈 일을 겪어 삶의 어두운 부분을 너무 빨리 경험하지 못하도록 보호해 주어야 한다고 주장하였다. 어렸을 때 지나친 상처를 입게 되면 극복하는 데 더욱 커다란 고통을 치러야 하고, 그로 인한 열등감은 회복 못할 독으로 작용할 수도 있는 까닭이다.

인간에 대한 사랑 그리고 믿음과 용기

• • •

아들러는 인간이 과거의 경험에 얽매어 있다는 결정론적 이론을 비판하였다. 아들러는 경험이 우리의 인격을 형성하지만 가장 중요한 점은 그 경험을 해석하는 우리 자신에게 있다며 비결정론적 인간관을 주장했다. 이는 인류애가 가슴에 있지 않다면 나오지 않았을 이론이자 대안이었고, 그 때문에 아들러는 교육자, 사회사업가, 종교인 등에게 환영받았다.

아들러는 우리 인간은 타인에 대한 관심, 배려, 공감, 협동심 등 공동체 의식을 선천적으로 가지고 태어났다고 보았다. 이러한 본성은 인간의 열등함에서 기인하는 것으로, 인간은 혼자서 생존할 수 없기에 타인에게 의존하고 타인을 돕기 위한 본성을 갖게 된다는 것이다.

이렇듯 인간이 유아기부터 갖기 시작하는 열등감은 열등한 신체 조건, 후진적인 사회 환경, 경제적 빈곤, 타인에게 받는 무시와 모욕감 등에서 비롯된다. 이를 극복하려는 노력이 열등감에 대한 보상인데 이는 서로 상반되는 방향으로 진행된다.

한쪽 방향은 우월감, 자만심, 권력 추구이고 다른 방향은 사회에 대한 관심, 연대감 등 인간적인 공동체 의식이다.

아들러는 여기서 인간의 성격이 결정된다고 설명한다. 권력 욕구와 협력 욕구라는 두 힘의 상호작용이 표출된 것이 성격이라는 주장이다.

아들러가 긍정적인 인간관을 믿었음을 밝혔듯이, 그는 인간이 우월에 대한 의지를 건강한 방식으로 극복해 타인을 돕고 협력하는 방향으로 발달시켜야 하며 그럴 수 있다고 전망했다.

아들러가 다른 심리학자들과 차별되는 점은 사회적 연대, 공동체 의식, 개인의 용기와 노력이 결합함으로써 우리의 미래가 긍정적으로 바뀌게 된다는 확고한 믿음이었다. 인간이 자신의 문제를 직면하고 극복할 용기를 가지면 변모할 수 있다고 아들러가 설파한 까닭이다. 아들러는 만일 자신이 아이들에게 하나의 재능을 줄 수 있다면 용기를 주겠다고 이야기할 정도였다.

아들러는 "상황보다는 우리가 그 상황에 주는 의미에 의해 우리 자신이 결정된다"며, 인간은 과거의 경험보다는 미래에 대한 낙관적인 기대에 더 의존해 행동하는 존재라고 지지하였다.

인간은 자신이 가진 열등감을 극복하고 남보다 우월한 역할을 하기 위해 모든 수단을 동원하는 '사랑스러운' 존재라는 것이 아들러의 인식으로써, 인류에 대한 그의 긍정과 믿음이 여실히 느껴진다. 여기에서 아들러의 인생에 대한 성찰과 삶을 새롭게 바라본 사고의 전환을 알 수 있다.

아들러가 세상에 미친 영향

. . .

제1차 세계대전 뒤인 1926년 초 미국으로 건너갔던 아들러는, 1927년 미국 컬럼비아 대학교의 초빙교수를 역임하며 유럽과 미국에서 여러 차례 대중 강연을 하였고, 이 경력이 인정되어 미국의 롱아일랜드 의과 대학 교수직에 임명되었다.

1934년 뉴욕의 한 강연회에서 특별 연사로 참석한 아들러의 사랑에 관한 강연은 많은 사람들을 감동시켰고 마침내 사회자는 청중에게 기립 박수를 치도록 부탁했을 정도였다. 아들러는 인간에 대한 편견을 배제하고 '협력'과 '사랑'으로 인류를 치료할 수 있음을 설파하였으며, 성욕보다는 사랑을 더 중시했다.

그는 사랑과 행복을 정당화하기 위한 명목으로써 성욕과 쾌감원칙을 인정하지 않았다. 아들러가 프로이트의 도움을 많이 받았음은 부인할 수 없는 사실이지만, 프로이트 심리학파의 정신분석학 역시 아들러의 개념을 받아들여 그 이론 체계를 확충할 수 있었던 것도 사실이다.

1935년 나치즘의 대두와 함께 본격적으로 미국으로 이주한 아들러는 심리학계의 유명 인사가 되어 각국을 누비며 강연 여행을 계속하였다. 그러던 중 1937년 5월 28일 스코틀랜드 애버딘에서 강연을 준비하다 갑작스런 심장마비로 세상을 떠나고 만다.

아들러의 이름이 그간 프로이트에 비해 덜 알려진 데에는 학설을 분명하게 세우기 전 심장마비로 급사했다는 점, 아들러는 전문적인 이론 정립보다는 인간에 애정을 품고 사회적 연대와 변화에 관심을 두었다는 점, 그와 뜻을 같이한 학자나 제자들 가운데 2차 세계대전 당시 나치에 의해 학살된 유대인이 많았다는 점 등을 이유로 들 수 있겠다.

다행히 아들러의 네 자녀 중 두 명이 아버지를 따라 심리학의 길을 걸었고, 개인심리학의 대표 학자가 되어 아들러의 사상을 확립하고 이론을 발전시켜 가는 데 큰 역할을 하였다.

아들러의 주요 저서로는 『신경쇠약의 특색에 관하여(Über den nervösen Charakter)』 『개인심리학의 이론과 실제(The Practice and Theory of Individual Psychology』 『삶의 과학(The Science of Living』 『의미 있는 삶(What Life Could Mean to You)』 『인간 본성의 이해(Understanding Human Nature)』 등이 있다.

Alfred Adler

오늘을 살아가는 무기
아들러 심리학의
용기에 대하여

김문성

아들러의 용기를 주는 심리학

· · ·

제1차 세계대전 후인 1919년, 전쟁으로 폐허가 된 빈에서 사회민주당이 정권을 장악하자, 아들러는 시정 개혁의 일환으로서 '교육제도에 심리학의 지식을 이용할 수 있도록 할 것'을 목표로 하는 교육개혁을 제창했다. 아들러의 활동은 문제 행동을 일으키는 아이에 대해 본인은 물론 그 부모와 교사, 그리고 심리학자가 함께 이야기하는 아동 상담소의 설치로 열매를 맺게 된다.

아동 상담소의 카운슬링 방법은 꽤나 독특했다. 우선 특정일에 심리학자와 교사가 모여서 교사가 파악한 문제를 안고 있는 아이들의 케이스에 대해 의논한다. 토의를 통해서 아이에게 무엇을 해야 할 것인가에 대한 결론을 낸다.

다음 모임에서는 그 아이와 부모가 참가한다. 우선 부모에게 왜 아이가 부적절한 행동을 취하는가를 설명하고, 다시 부모와 의논을 한다. 마지막으로 아이를 그 자리에 오게 하여 부드러운 태도와 아이도 알아들을 수 있는 쉬운 말로 아이의 문제와 그 원인을 설명하여 새로운 목표와 해결 방법을 제시한다.

이처럼 아이와 부모를 동석시킨 카운슬링은 모두 공개리에 이루어졌다. 앞서 소개했던 교사에게 지우개를 던지는 소년 빌리의 사례를 상기해 보자. 그 카운슬링 역시 공개된 장소에서 행해졌다.

아들러가 채택한 카운슬링의 일반적인 수순을 단순화하면 다음과 같다.

① 관계 : 상담자와 양호한 관계를 구축한다.

② 목표 : 상담자의 사적 논리와 감춰진 목표를 찾아낸다.

③ 통찰 : 상기 사안들에 대해 상담자의 이해를 돕는다.

④ 방향 재설정 : 상담자가 보다 좋은 목표를 찾을 수 있도록 도와준다.

그 사람의 적절치 못한 생활양식을 분석하고, 보다 적절한 생활양식으로 재구축하도록 도와주는 것이 아들러 심리요법에서 가장 큰 주안점이다. 그 심리요법의 특징은 '환자는 자신의 인생에서 재료를 제공하고, 정신과 의사는 자료의 해석과 용기를 부여 하는 것으로써 '알아차리지 못한 사람에게 가르쳐 주는 것, 길을 잃고 헤매는 사람을 인도하는 것, 용기가 꺾인 사람에게 용기를 불어넣는 것이라는 점에 그 특장점이 있다.

이를테면 상담자(환자)에게 인생의 새로운 틀을 제시하여 살아갈 용기를 주는 심리학. 이것이 아들러 심리학이 '용기를 주는 심리학', 더 축약해서 '용기의 심리학'이라고 불리는 까닭이다.

아들러가 사용한 용기 부여란

· · ·

아들러는 '개인심리학은 어린이들에게 좀 더 용기와 자신감을 줌으로써, 또 어린이들에게 어려움은 결코 극복할 수 없는 장애가 아니라 맞서 싸워 정복하는 과제라고 재인식하도록 가르침으로써, 모든 어린이들에게 그들의 정신적 능력을 자극하는 노력을 해야 한다고 주장하고 있다'라고 말했다.

그럼 어떻게 하면 사람에게 용기를 불어넣어 줄 수 있을까. 일반적으로 우리들은 용기를 주는 구체적 방법으로써 '칭찬하는' 일이 중요하다고 생각한다. 다음과 같은 이야기가 있다.

처음으로 비행 훈련을 받는 구성원을 무작위로 두 개 그룹으로 나눈다. 그리고 교관이 그중 한 그룹에게는 "자네들은 우수한 사람들이므로 짧은 시간에 비행 기술을 습득할 수 있을 것이다"라고 말한다. 또 다른 한쪽 그룹에게는 "자네들은 능력이 조금 떨어지기 때문에 비행 기술을 익히는 데는 시간이 걸릴 것이다"라고 전한다.

그런 연후에 실제로 비행 훈련을 시작했더니, 우수하다는 말을 들은 그룹은 능력이 떨어진다는 말을 들은 그룹보다 정말로 짧은 시간 내에 비행 기술을 습득하는 데 성공했다.

이는 실제로 있었던 일로써 '칭찬'과 '비방'의 효과를 보여 주고 있다. 이처럼 사람들이 기대받는 대로 효과를 내는 경향을 피그말리온 효과

(pygmalion effect)라고 한다.

 '칭찬하며 키운다'는 말이 있듯이, 인간이 성장하는 데는 칭찬하는 행위가 필요 불가결한 듯이 보인다. 그러나 상대를 칭찬하는 일은 종적인 인간관계에서 생기는 행위이다. 우리는 남을 칭찬함으로써 상대를 위에서 내려다보게 되기 때문이다.

 또 칭찬받는 입장에 해를 끼치게 될 우려도 있다. 그것은 칭찬을 하나의 보수로 받아들일 위험성이 있기 때문이다. 그렇게 되면 칭찬이라는 보수를 얻기 위해 행동하게 되어, 칭찬을 받지 못하면 기분이 나빠지거나 불안해진다.

 이제 칭찬 이상으로 문제가 되는 것이 이른바 상이라는 사실을 알게 되었다. "이번 시험에서 만점을 받아 오면 게임 소프트웨어를 사 주마!"와 같은 약속을 아이들에게 하는 부모가 있다. 하지만 그리되면 아이는 게임 소프트웨어라는 보수를 얻기 위해 공부함으로써, 물질적 보수가 없으면 공부하지 않는 아이가 될지도 모른다.

 아들러 심리학에서는 상대와 대등한 입장이나 상대의 입장에 서 보는 것이 기본이다. 이른바 횡적 인간관계이다. 이런 관계를 전제로 했을 경우 상대를 칭찬하는 것이 아니고 감사하는 기분을 표하는 것이야말로 중요한 일이 된다. 칭찬이 모두 다 나쁘다는 뜻이 아니다. 그렇지만 칭찬하는 말은 신중히 사용해야 하며, 그보다도 감사의 마음을 표하는 편이 더 바람직하다.

응석으로부터 해방시키는 자연스러운 결말

· · ·

앞서도 언급했듯이, 아들러는 응석받이로 자란 아이의 폐해에 대해 기회가 있을 때마다 지적했다.

부모라면 누구나 귀여운 자기 아이가 어려움에 처하지 않기를 바랄 것이다. 그러나 이 마음이 아이를 응석받이로 만든다. 이러한 경우 부모는 자신의 과제와 상대(아이)의 과제를 엄중하게 구분해야 한다.

자신의 과제와 상대의 과제를 구분하는 일은 간단하다. 그 과제 해결에 집중하지 않았을 때 '피해를 보는 사람은 누구인가?'를 생각하면, 그것이 누구의 과제인지를 쉽게 정할 수 있다.

그리고 그 과제가 자기 것이라면 다른 누구에게 간섭받지 않도록 한다. 또 그 과제가 상대의 것이라면, 설사 부모라 해도 거기에 발을 들여놓지 않도록 한다. 이것이 자신과 상대의 과제를 엄중하게 구분 짓는 태도이다.

아이가 곤경에 처해 있으면 불쌍하겠지만 그때 부모는 상대(아이)의 과제에 참견하지 않는 용기를 가져야 한다.

아들러의 아동 상담소에 부모의 말을 듣지 않는 아이에 대한 상담이 들어왔다. 밀턴이라는 5살 6개월 된 남자아이는 커튼을 끌어내리거나 접시를 던져 깨뜨리고, 또 뭔가를 하지 못하게 하면 과다호흡 상태에 빠져 숨이 넘어가는 증세를 나타냈다.

모친은 아이의 응석을 받아 주기만 해서 그때까지 옷 같은 것을 갈아입을 때도 모친이 도와주고 있었다.

"아드님의 옷쯤은 스스로 갈아입어야 하지 않을까요?"

아들러가 말하자 아이 어머니가 대답했다.

"저 혼자 갈아입는 시간이 너무 걸려서 그냥 두면 등교 시간에 늦을 것 같아서요."

그 말에 아들러는 말했다.

"만일 저 아이가 그 때문에 학교에 지각했다면, 그 나름대로 지각한 뒤의 결과로 인한 괴로움을 당하게 놔두면 됩니다."

이것이 상대의 과제에 간섭하지 않는 태도이다. 그래서 아이가 자신의 행동으로 인한 결말을 스스로 체험하게 되는 것이 바로 자연스러운 결말이다. 아이는 자연스러운 결말을 체험함으로써 자신의 과제는 스스로 해결하게 된다.

곤경은 아이의 용기를 꺾을 것처럼 보인다. 그러나 아이가 곤경에 처하지 않게 하는 쪽이 더 문제이다. 만일 독자들 중에 이제 곧 부모가 될 분이나 어린이를 데리고 있는 분은 아이에게 자연스러운 결말을 체험시킬 수 있도록 부모 자신이 용기를 가져야 한다.

용기를 꺾는 몇 가지 유형

. . .

앞에서 살펴본 응석 이외에도 상대의 용기를 꺾는 행위가 있다. 그중 여기서는 인격의 무시와 과거 일에 대한 천착을 예로 들어 보기로 한다.

직장 상사가 권력을 믿고 거들먹대면서 부하를 대하는 파워 하라스먼트(Power Harrasment : 권력 폭행)에서는 인격의 무시가 빈번하게 일어난다. 이는 인신공격 논법이라고도 부르는 것으로, 문제 자체를 의논하는 것이 아니라 문제와 관련된 '사람'의 지성이나 성격, 성별 혹은 가문 등을 공격하는 태도이다.

"그래서 이류 대학 출신은 안 된다는 거야" "성격이 여자 같으니까 고객들이 좋아하지 않는 거지" "여자인 자네에겐 책임이 너무 무거워 보이네" ….

인격의 무시는 상대의 용기를 꺾는 데만 효과가 있을 뿐, 일에 대한 동기를 고양시키는 것은 기대할 수 없다. 행위와 인격은 전혀 별개이다. 어떠한 행동의 결과에 문제가 있는 경우에는 다른 요인들보다는 행위 그 자체에 초점을 모아 검토해야 한다. 그때 상대와 대등한 입장에서 상대의 존엄을 지켜 주면서 의논에만 진력해야 한다.

또 상대의 적절하지 못한 행동을 개선할 경우에도 상대의 용기를 꺾지 않도록 하는 배려가 필요하다. 특히 지나간 일에 천착만을 하고 있으면 상대의 용기는 크게 손상을 입는다. 과거에 대한 천착은 적절치 못한 결과의 원인이 어디에 있는가를 추궁하는 일이다.

확실히 과거에 초점을 맞추어 문제의 원인을 찾는 것도 중요하다. 그러나 지나간 과거는 바꿀 수가 없다. 과거에 매달리는 것은 결정론적 태도라고 할 수 있다.

아들러 심리학에서 사람은 그 사람이 가진 목적이나 목표에 따라 행동하고 결과에 이르게 된다고 보는 목적론적 입장을 취하고 있다. 따라서 상대의 적절치 못한 행동을 바로잡는 경우에도, 아들러의 심리학적 접근 방법에서는 과거에 대한 천착보다 올바른 목표를 설정하고 거기에 도달하기 위해 올바른 착수 방안을 상대와 함께 생각하는 일을 중시한다.

'두 사람이 함께 새로운 목표 — 그것은 항상 활동적인 인간주의의 목표이지만 — 를 설정하고 개인적 필요에 따라 목표 달성을 위한 새로운 기법을 창출하는' 것이야말로, 아들러 심리학에서 말하는 용기 부여 그 자체이다.

되풀이하게 되는데, 과거는 더 이상 바꿀 수 없다. 바꿀 수 있는 것은 미래뿐이다. 그리고 그 미래를 바꾸려고 한다면, 지금 현재의 행동을 바꿔야 한다. 따라서 아들러 심리학에서 말하는 용기 부여란 지금 현재를 올바른 목표로 향하도록 하는 것이라고 말할 수도 있다.

스스로에게 용기를 불어넣으려면 어떻게 해야 할까

• • •

요즈음 통계학이 조용한 붐을 이루고 있다. 이 통계학에 검정이라는 사고방식이 있다. 그것은 가설의 가능성이 있을 수 있는지를 확률로 생각해 보는 방법을 가리킨다.

예를 들어 확률분포를 표준 정규분포로 생각하면, 표준오차가 플러스·마이너스 1.96의 범위 안에 일어날 수 있는 현상의 95%가 포함된다. 그리고 일반적으로는 검정하는 가설이 남은 5%에 속할 경우에는 일어나기 어려운 현상이라고 하여 기각시킨다. 이 5%(심한 경우는 1%)를 통계학에서는 기각역(棄却域)이라고 한다.

5%의 기각역 안에서의 사건이란 20회 이상 실행해서 1회 일어나는 것과 같은 현상이다. 어쩌다가 생긴 실패나 장래에 대한 불안도 대부분은 5%의 기각역에 들어 있다고 생각해 보자. 가령 5%의 기각역에서 발생한 사건 혹은 발생할지도 모르는 사건을 근거로 하여 나머지 95%에 대해서도 비관적으로 생각한다면 통계학적 합리성을 결여한 태도라고 할 수 있다.

5%의 기각역 안에서의 사건도 비관적으로 생각하면 빈번하게 생기는 현상인 것처럼 생각된다. 그와 반대로 낙관적으로 생각하면 그다지 자주 일어나지 않는 현상으로 파악할 수 있다. 실제로 현대의 통계학은 이런 낙관적인 방향에서 5%의 기각역 내에 일어난 사건을 취급하고 있다.

이처럼 같은 사건이라도 보는 관점을 조금 바꿔 보면 전혀 반대의 결론에 이르게 되는 일이 많다. 이 점에 관해서 내 머리에 떠오르는 것은 앞서도 언급한 바 있는 자오선이다.

아들러는 자오선이 실제로 존재하지 않지만 살아가는 데 대단히 도움이 된다고 말했다. 그런 다음 자오선과 같은 허구 또는 가정이 실제로 존재하지 않음에도 불구하고, 인간은 그 존재를 확신하고 있다면서 다음과 같이 말했다.

'그래도 우리들이 그렇게 하는 것은 다만 인생이라는 카오스 속에서 방향을 정하기 위해서이고, 계산을 시작할 수 있기 때문이다.

아들러가 말하는 허구나 가설을 인생의 목표나 생활양식으로 바꿔 보자. 설정하는 목표나 생활양식에 따라 인생이라는 혼돈 상태를 살아가는 방향이 정해진다. 하지만 그것은 실체가 없는 허구이기 때문에 얼마든지 바꿀 수가 있다.

그래서 아주 조금 — 예를 들면 각도 1도라도 — 방향을 바꾸는 일만으로도 우리들은 이전과는 동떨어진 목표에 가닿을 수가 있다. 용기를 갖고 인생의 관점을 조금만 바꿔 봅면 거기서 극적인 변화가 생겨난다.

요컨대 인생의 의미란 무엇인가?

. . .

아들러는 "인생의 의미란 무엇입니까?"라는 질문에 이렇게 대답했다.

"누구에게나 다 들어맞는 인생의 의미는 없다. 인생의 의미란 자기가 자신의 인생에 부여하는 것이다."

아들러의 이 말을 들을 때, 나는 애플사의 공동 창업자인 스티브 잡스(Steve Jobs)를 떠올리지 않을 수 없었다. 잡스는 2005년에 행해진 스탠퍼드 대학교의 졸업식 축사에서 다음과 같이 말했다.

"나는 매일 아침 거울에 비친 내 모습을 보며 자문해 왔습니다. '만일 오늘이 내 인생 최후의 날이라면 오늘 하려고 생각했던 일을 정말로 실행할 수 있을 것인가?' 그에 대한 대답이 'NO!'라고 나오는 날이 몇 번이고 지속된다면 뭔가를 바꿔 볼 필요가 있습니다. 사람은 언젠가는 죽습니다. 이를 잊지 않고 있다는 것은, 인생에서 중요한 선택을 하게 될 때 도움이 되는 가장 중요한 수단입니다. 이는 거의 모든 것 ― 주위의 기대, 자존심, 부끄러움이나 실패에 대한 공포 ― 들은 죽음을 앞에 두면 구름처럼 흔적 없이 사라지는 덧없는 것이기 때문입니다. 남는 것은 정말로 중요한 것들뿐입니다."

자신의 인생에 의미를 갖지 못한다면 용기를 갖고 뭔가를 바꿔라 ― 이것이 스티븐 잡스가 주는 메시지이다. 그리고 그 사람이 죽는 순간에 자신의 인생에 대해 후회하지 않는다면 그 인생은 그 사람에게 의미 있었을 것이다.

리더십 이론으로 저명한 경영학자 워렌 베니스(Warren Bennis)는 리더십의 본질을 '자기 자신이 되는 것' 곧, '자기 안에서 가장 활발한 부분, 가장 자기다운 부분을 찾아내어 육성하는 것'이라고 갈파했다.

단, 아들러의 사상을 추종해 온 우리들은 이미 자기다운 부분을 찾아내는 일만으로는 불충분하다는 사실을 알고 있다. 자기다운 부분으로 공동체에 공헌함으로써, 우리들은 자기 자신을 회복하고 인생의 의미를 실감할 수 있을 것이다.

그런 자신의 얼굴을 거울에 비추며 "만일 오늘이 인생 최후의 날이어서 오늘 하려고 생각한 바를 정말로 실행할 것인가?"라고 자문한다면, 그 대답은 반드시 "YES"가 될 것이 틀림없다.

아들러는 '공헌이야말로 진정한 인생의 의미'라고도 했다. 처음 한 말과 모순되기는 하나, 요컨대 아들러는 '각자는 공동체에 공헌이라는 공통 행위를 통하여 각기 다른 인생의 의미를 찾아내야 한다'는 점을 강조하고 싶었음이 분명하다.

아들러 심리학으로 '지구인'이 돼라

. . .

제1차 세계대전 중이던 1917년, 아들러는 오스트리아 - 헝가리제국의 군의관으로서 '그린칭'에 있는 병원에서 부상병의 치료를 담당하고 있었다. 그때 휴가를 받은 아들러는 친구를 찾아가서 공동체 감각의 중요성을 처음으로 이야기했다. 아들러가 전시 중에 공동체 감각의 중요성을 깨닫게 된 것은, 전쟁이라는 공허한 파괴 행위를 철저히 미워했기 때문이었다.

어느 날 아들러가 전쟁을 시작한 오스트리아의 정치를 통렬하게 비판하자 어떤 사람이 아들러가 국가를 비판했다고 비난했다. 그러자 아들러는 이렇게 답했다고 한다.

"우리들은 모두 동료입니다. 어떤 나라 사람이라도 상식이 있는 사람이라면 같은 식으로 느낄 겁니다. 이 전쟁은 우리 동포에 대한 조직적 살인과 고문이라고 말이오. 어째서 그 일을 바람직하지 않다고 말하는 일이 안 된단 말입니까?"

두말할 필요도 없이 여기서 아들러가 말하는 동포란 오스트리아 국민만을 지칭하지 않는다. 인류 전체를 가리키는 것이다.

공동체에는 수준이 존재한다. 이미 우리들은 사적 논리보다 상식이 우선한다는 것을 알고 있다. 따라서 자신에게 있어서 올바른 논리가 파트너의 공동체에게 부적절하다면 수정해야 한다. 또한 가정의 논리도 지역사회라는 보다 상위 수준에서 볼 때 확실히 부적절한 경우, 역시 태도를 수정해야 할 것이다. 또 지역에 있어서 좋다고 생각한 논리도 국가 수준에서 봤을 때 명백히 부적절하다면 그 역시 수정이 필요하다.

이처럼 항상 상위 수준의 공동체가 갖는 상식으로 생각을 옮겨 보면 현재의 태도가 적절한지 여부를 검증할 수 있다. 그리고 이런 작업을 지구라는 수준에서 행하여 본다면, 이 세상에서 전쟁은 씻은 듯이 사라지게 될 것이다.

지금 세계의 여러 나라에서 진행되고 있는 문제들도 모든 지구인이 공동체라는 전제로 서로 이해하게 된다면 해결이 불가능한 것도 아니다.

아들러는 다음과 같이 말했다.

'만일 인생이 이처럼 자립적인 개개 인간들이 협력하여 몰두할 수 있다면, 우리들 인간 사회의 진보는 끝없이 지속될 것이다.'

지금 우리들 지구인은 아들러의 말을 실천할 수 있는지 여부에 대해 엄중한 추궁을 받고 있다고 하겠다.